"十三五"国家重点图书、音像、电子出版物出版规划项目
抗日战争时期根据地财政经济史丛书

华中抗日根据地鄂豫边区财政经济史

主　编★刘跃光　李倩文
副主编★张影辉　蔡德祐

中国财经出版传媒集团
中国财政经济出版社

图书在版编目（CIP）数据

华中抗日根据地鄂豫边区财政经济史／刘跃光，李倩文主编．—北京：中国财政经济出版社，2015．10

（抗日战争时期根据地财政经济史丛书）

ISBN 978－7－5095－6355－7

Ⅰ．①华…　Ⅱ．①刘…②李…　Ⅲ．①鄂豫皖抗日根据地－地方财政－财政史　Ⅳ．①F812．96

中国版本图书馆CIP数据核字(2015)第196948号

责任编辑：杨　静　杜　剑　　　　责任校对：黄亚青

封面设计：孙俪铭　　　　　　　　版式设计：兰　波

中国财政经济出版社出版

URL：http：//www．cfeph．cn

E－mail：cfeph＠cfeph．cn

社址：北京市海淀区阜成路甲28号　邮政编码：100142

发行处电话：010－88190406　北京财经书店电话：010－64033436

北京财经印刷厂印刷　各地新华书店经销

787×1092毫米　16开　13.75印张　173 000字

2017年12月第1版　2017年12月北京第1次印刷

定价：45.00元

ISBN 978－7－5095－6355－7/F·5122

（图书出现印装问题，本社负责调换）

本社质量投诉电话：010－88190744

打击盗版举报热线：010－88190414　QQ：447268889

谨以此书纪念

中国人民抗日战争暨世界反法西斯战争胜利70周年

出版说明

2015年是中国抗日战争胜利70周年，也是世界反法西斯战争胜利70周年。为此，党中央举行了隆重的纪念活动，习近平总书记在纪念大会上作了重要的讲话。他回顾中国人民长达14年艰苦卓绝的斗争，取得了抗日战争的伟大胜利，宣告了世界反法西斯战争的完全胜利。指出中国人民抗日战争和世界反法西斯战争中，中华儿女不屈不挠、浴血奋战，捍卫了中华民族5000多年发展的文明成果，捍卫了人类和平事业，铸就了战争史上的奇观、中华民族的壮举。号召我们以史为鉴，坚定维护和平的决心，牢固树立人类命运共同体意识，为推进世界和平与发展的崇高事业做出新的更大的贡献。在中国人民值得永远纪念的日子，我们再版了抗日战争时期根据地财政经济史丛书，这是对伟大的抗日战争最好的纪念，也是对世界人民反对法西斯、追求和平事业的最好献礼！

抗日战争中革命根据地的财政为取得抗战胜利做出了卓越的贡献。抗日根据地财政在极其困难的条件下，保证了抗日战争的物资供给，培养了大批富有创业精神的财政干部，树立了艰苦奋斗的优良作风，成为抗日战争的坚强后盾。抗日根据地财税战线的工作者，为了抗日战争的胜利，兢兢业业、勤勤恳恳，勤俭节约、呕心沥血，历尽千辛万苦，甚至牺牲了宝贵的生命，铸造了抗日战争时期根据地财政人的崇高品质和无私精神。这是抗日战争时期的第二道战线，他们的事迹同样是可歌可泣的，用这套丛书彰显抗日根据地财政的功绩和讴歌财政人的精神是最好的选择。

本套丛书共五本，分别是：《陕甘宁边区财政经济史》《晋察冀抗日根据地财政经济史》《抗日战争时期晋冀鲁豫边区财政经济史》《山东革命根据地财政史》《华中抗日根据地鄂豫边区财政经济史》。这套丛书较全面、系统地反映了我国抗日战争时期五个主要的革命根据地所采取的各项财政经济方面的方针、政策、措施，以及全体军民通过艰苦卓绝的努力，战胜日本帝国主义的军事和经济封锁，保障根据地财政发展壮大的历史。从单本来看也自成体系，具有代表性。陕甘宁边区既是中共中央、中央军委所在地，也是党在抗日战争时期树立的模范抗日民主根据地。同时又是抗日根据地财政的中心，根据地的财政方针和政策许多是从这里提出实施的，陕甘宁边区财政经济史是全部抗日根据地财政经济的缩影。晋察冀抗日根据地在中国革命史上占有极其重要的地位，它是抗日战争时期敌后建立的最早的一个根据地，一直享有模范根据地的荣誉。抗日根据地财政的建设晋察冀抗日根据地是走在前面的，如“合理负担”政策、农业累进税制首先在这里取得成功并且推广到其他抗日根据地。《晋察冀抗日根据地财政经济史》以丰富的内容，翔实的资料，反映创建财政的来龙去脉，使人多有启迪。晋冀鲁豫边区以太行山为依托，包括山西、河北、山东、河南各省的部分地区，与日本侵略者占领区犬牙交错，情况极其复杂，在这样的环境下建立和发展根据地财政是及其艰苦复杂的，同时也是非常有特色的。山东抗日根据地处于华北敌后战场的东南端，成为华北和华中两大敌后战场联系的枢纽。这里的财政经济不仅对山东抗日根据地作用的发挥十分重要，而且对华北和华中也有影响。华中抗日根据地处于长江流域，包括江苏省、安徽省、湖北省的大部分，河南省、浙江省的一部分和湖南省的小部分，是敌后主要的抗日根据地之一。这里一方面物产丰富，人烟稠密，金融贸易活跃；另一方面长期被日、伪、顽分割，在此基础上建立发展的财政与其他抗日根据地又不完全一样，其特点在华中抗日根据地鄂豫边区财政经济史中反映得十分清晰。

本套丛书不仅具有厚重的学术研究价值，填补了我国抗日革命根据地财政经济史方面的空白，而且字里行间都高举爱国主义旗帜，处处提醒人们铭记历史、缅怀先烈、珍视和平。中国战场作为反法西斯战争的主要战场之一，中国人民艰苦卓绝的抗日战争为世界反法西斯战争胜利做出了巨大贡献，付出了巨大的民族牺牲，丛书使读者认识到了中国人民抗日战争胜利的伟大历史意义，以及中国共产党在全民族团结抗战中的中流砥柱作用。对弘扬中华民族不怕艰苦、不怕牺牲、排除万难去争取胜利的优秀民族精神具有积极意义。

中国财政经济出版社始终坚持正确的舆论导向和鲜明的出版特色，为国家建设和财政经济工作服务。我社成立60多年来，出版了大量学术专著、大中专教材、法规准则、资格考试用书、财经史料以及培训用书等，出版范围涵盖财政、会计、金融、税收、管理等学科，已有数百种图书在各类国家级和省部级评选中获奖，凝聚了一大批高水平的作者。财经史著作、史料、史稿等的出版也是我社的一大特色，改革开放后我社就出版了财政经济史方面的图书150余种。这类图书的出版，是

对财经历史宝贵遗产的传承，是我们出版人担负的社会责任，几代财经出版人为此付出了艰辛的努力，做出了巨大贡献。今天，我们仍然感到出版人在继承和发扬中华民族优秀传统文化、实现中华民族伟大复兴的征程上使命光荣、责任重大。因此，在中国抗日战争胜利70周年暨世界反法西斯战争胜利70周年之际，我们再版了《抗日战争时期根据地财政经济史丛书》。

这套丛书的出版首先得到了国家出版总署的重视，入选国家新闻出版广电总局《“十三五”国家重点图书、音像、电子出版物出版规划》。更加可喜的是得到了当年五个抗日根据地财经史主编赵秀山、魏宏运、朱玉湘、刘跃光、李倩文等前辈的支持。他们认为抗日根据地财政经济工作与抗日战争胜利有着直接的关系，应该彰显财政在抗日战争中发挥的作用，特别是吸取抗日根据地财政的经验，在新的历史时期继续发扬他们的创业精神，有利于今天的财政改革和国家治理。几位主编表示，抗日根据地财经史现在以丛书的面貌再次出版，是他们一个最大的心愿。他们毫不计较个人得失，希望将珍贵的历史资料留给社会留给后代，对党和国家的事业有所贡献。他们无私奉献的精神与高风亮节值得钦佩，在此代表广大的读者向他们致以崇高的敬意。

中国财政经济出版社

2017年3月

总　序

中国财政经济出版社在中国抗战胜利暨世界反法西斯战争胜利 70 周年之际，再版了一套抗日战争时期根据地财政经济史丛书，这是对伟大的抗日战争最好的纪念，是对世界人民反对法西斯、追求和平事业的真诚献礼，意义重大。

一

2015 年，是中国共产党领导的全国人民取得抗日战争伟大胜利 70 周年，也是世界反法西斯战争胜利 70 周年，为此党中央举行了隆重的纪念活动。

纪念抗日战争伟大胜利 70 周年有着特殊的政治意义。因为中国人民抗日战争的胜利是非同寻常的、非同小可的，在中国革命史上有着举足轻重的地位。它是近代以来中国抗击外敌入侵的第一次完全的胜利，这一胜利“彻底粉碎了日本军国主义殖民奴役中国的图谋，洗刷了近代以来中国抗击外来侵略屡战屡败的民族耻辱，重新确立了中国在世界上的大国地位，使中国人民赢得了世界爱好和平人民的尊敬。而且开辟了中华民族伟大复兴的光明前景，开启了古老中国凤凰涅槃、浴火重生的新征程”。在波澜壮阔的中国人民抗日战争中，千千万万的抗战英雄抛头颅、洒热血，铸就了伟大的抗战精神，伟大的抗战精神永远是激励中国人民克服一切艰难险阻，为实现中华民族伟大复兴而奋斗的强大精神动力。中国人民抗日战争和世界反法西斯战争，是正义和邪恶、光明和黑暗、进步和反动的大决战，中国人民抗日战争开始时间最早、持续时间最长，为捍卫人类和平事业做出了重大贡献。中国抗日战争的胜利不仅是中国人民的胜利，而且是世界反法西斯的胜利，它既是中国革命征程上的一个里程碑，又是世界战争史上的一个奇迹，是值得倍加珍惜、认真回顾和永远纪念的。

在这个重要的时刻，抗日战争时期根据地财政经济史丛书的再版，对纪念抗日战争胜利 70 周年意义很大。因为丛书不仅蕴含了抗日战争时期财政人的坚信和艰辛，而且讴歌了中国人民英勇顽强、视死如归，前赴后继，艰苦卓绝、坚韧不屈的革命精神；塑造了中国人民在敌我势力悬殊、军事力量悬殊、战备条件悬殊的情况下，以弱胜强、以少胜多的光辉典范；彰显了中国人民以和平战胜战争、正义战胜邪恶、人权战胜霸权，维护世界和平、追求人类大同的光辉旗帜；铭刻了中国共产党在抗日战争中领导和决策的英明、正确和伟大。此时此刻，再版这套饱含着正能量的丛书非常需要，其政治意义和积极作用是深远的。

这套丛书的再版也是习近平总书记历史观的体现。中国共产党历来是重视历史的，善于在历史中总结经验，借鉴教训，汲取智慧。毛泽东曾有过许多精彩论断，在理论上形成马克思主义历史观。习近平总书记治国理政以来，对中国革命史和中国民族史尤为重视，在重视历史、学习历史、研究历史方面作

出系列讲话和重要论述。

历史是民族安身立命的基础。他指出：历史不能任意选择，中华民族5000多年的文明史，中国人民近代以来170多年的斗争史，中国共产党90多年的奋斗史，中华人民共和国60多年的发展史，是中华民族安身立命的基础。历史是从昨天走到今天再走向明天，历史是不可能割断的，人们总是在继承前人的基础上向前发展的，古今中外，概莫能外。

历史是人类最好的老师。他指出：世界的今天是从世界的昨天发展而来的，今天世界遇到的很多事情可以在历史上找到影子，历史上发生的很多事情也可以作为今天的镜鉴。重视历史、研究历史、借鉴历史，可以给人类带来很多了解昨天、把握今天、开创明天的智慧。

历史是最好的教科书。他指出：历史是一个民族、一个国家形成、发展及其盛衰兴亡的真实记录，其中既有升平之世社会发展进步的丰富经验，也有衰乱之世的深刻教训以及由乱到治的经验智慧；既有当事者对时势的分析陈述，也有后人对前人得失的评论总结。中国的史籍书林蕴涵着十分丰富的治国理政的历史经验，包含着许多涉及对国家、社会、民族及个人的成与败、兴与衰、安与危、正与邪、荣与辱、义与利、廉与贪等等方面的经验与教训。这是前人的“百科全书”，学习党史、国史是坚持和发展中国特色社会主义，把党和国家各项事业继续推向前进的必修课。

历史是最好的营养剂。他指出：对于我们共产党人来说，中国革命历史是最好的营养剂，多学习多重温，心中会增添许多正能量。中华文化博大精深、源远流长，积淀着中华民族最深层的精神追求，代表着中华民族独特的精神标识，为中华民族生生不息、发展壮大提供了丰厚滋养，抛弃传统、丢掉根本，就等于割断了自己的精神命脉。对历史文化特别是先人传承下来的价值理念和道德规范，要坚持古为今用、推陈出新，有鉴别地加以对待，有扬弃地予以继承，努力用中华民族创造的一切精神财富来以文化人、以文育人。

习近平总书记的系列讲话带来了历史研究的春天，抗日战争时期根据地财政经济史丛书的再版就是这个春天里一朵绚丽的鲜花，印证着习总书记的历史观，凝结着党的阳光雨露，反射着抗日根据地财政先辈的初心和意愿。从习总书记的历史观来看，抗日战争时期根据地财政经济史丛书不仅对纪念中国抗日战争胜利70周年有着政治意义，而且是新中国财政发展改革的基石，是为国理财的最好老师和教科书，蕴藏着取之不尽的营养剂，足以使我们了解昨天，把握今天，开创明天。

二

古今中外的历史经验表明，战争的胜利与财政经济有着密切的关系，战争要依靠财政的支持，财政是战争的基础和后盾，赢得战争胜利不是单单靠军事的强弱，更是财力的较量。在抗日战争中，中国共产党拥有的军事化程度很低，之所以战胜了具有现代化武器的日本侵略者，在党的正确领导的前提下，一个重要的原因就是根据地财政保障了抗日战争的财力和物资的需要。当人民看到中国抗日战争的胜利局面时往往首先想到的是军事的较量，忽视了军事背后财政的较量，殊不知财政对抗日战争的胜利做出了巨大的贡献，发挥了不可或缺的作用。

从抗日根据地的财政来说，它本身就是为抗日战争的需要而建立的，其性质是典型的“战时财政”。关于革命根据地财政的性质，毛泽东早在1928年就强调：巩固军事根据地不仅修筑完备的工事，还要“储备充足的粮食”。1933年指出：“动员群众，立即开展经济战线上的运动，……为着争取物质

上的条件去保障红军的给养和供给。……不进行经济建设，革命战争的物质条件就不能有保障。”土地革命时期是这样，抗日战争时期更是如此，这样的财政是由抗日战争决定的，抗日战争赋予了它特殊的性质、艰巨的任务和光荣的使命。

抗日根据地财政的职能主要是为抗战服务的。1937 年抗日战争爆发伊始，《中国共产党抗日救国十大纲领》中就把财政作为边区政府实现抗日救国十大纲领的主要工具。1938 年毛泽东在中共六中全会扩大会议上明确提出建立战时财政经济政策，以保障抗日武装部队一切必要供给，满足抗日战争的需要是财政处理一切问题的宗旨。1939 年李富春在陕甘宁边区第二次党代会上强调，“边区财政的目的在于保证边区抗战经费的自给”。特别是在 1940 年抗日战争进入最艰苦阶段时，中央军委指出财政经济问题的解决必须提到政治的高度，“开辟财源，克服困难，争取战争的胜利”。显然，财政的最终目的是保障抗日战争的胜利。

为达此目的，抗日根据地在财政供给上军事支出始终占财政总支出的首位。在陕甘宁边区，财政供给原则是“军事第一，生活第二，必要事业与干部教育次之”。“不是百废俱兴，不分轻重缓急见事就办”，而是有中心，有先后，以此保障财政供给的任务。1942 年陕甘宁边区政府进一步明确，财政无论怎样困难，“在财政分配上军费应放在第一位”，“以军六、党政四之比例来制定预算”。战时财政供给的原则普遍贯彻在各个抗日根据地。山东抗日根据地支出额中军费名列第一，其次是行政费、群众团体补助费、建设费、教育费。太岳、冀西根据地财政的基本方针有五条，第一条就是供给战争需要和服从前线需要，其次才是培养民力，促进建设等。豫鄂边区行政公署明确提出预算支出要“分清主次，合理布局”，所谓“主”就是保障部队的供给。淮南抗日根据地财政支出的第一条原则，就是保障坚持敌后抗战经费的供给，支付顺序是首先满足抗战部队给养，其他经费则量力而为。总之，保障抗日战争的需要始终是抗日战争时期财政工作坚持不变的方针。

在这样的供给原则下，军费支出成为财政支出结构的主体。陕甘宁边区财政支出中，军费支出远远高于其他支出，1937 年军事支出占总支出的比重是 25%，1939 年达到 54.65%，1940 年为 54.89%，1941 年为 30%，1942 年为 25.44%，1943 年为 45.80%。其他支出都居次要地位。如行政费占总支出 1939 年为 1.56%，1940 年为 1.34%；1941 年为 1.7%，1943 年为 1.35%。文化教育占总支出 1937 年是 8.9%，1938 年为 12.2%，1939 年为 10.%，1940 年为 5.87%，1941 年下降到 2.9%，1943 年进一步下降为 1.7%。抚恤和社会救济费占总支出 1937 年为 28.2%，1938 年下降到 7.4%，1939 年占 0.79%，1940 年占 0.52%。民政费占总支出 1943 年为 1.10%；1944 年为 3.98%，1945 年民政费取消。相比之下，军事支出与其他支出形成了鲜明的对比。陕甘宁根据地财政支出结构不是特殊的现象，其他抗日根据地的支出结构也基本相同。如山东革命根据地 1941 年财政总支出中军费占 70%、政费占 30%，1943 年总支出军费占 61.72%，行政费占总支出的 25.26%，教育经费仅占总支出的 0.45%，救济费占总支出的 0.17%。1944 年军费仍然占总支出的 70%，行政费约占 30%。1945 年上半年军事支出占总支出的 63.38%，而行政费只占总支出的 0.18%。淮南抗日根据地的支出结构也以军费为主体，1940 年 1 月津浦路东财政支出中军费占总支出的 79%，行政费占 11%，教育费占 7%，其他支出占 3%。华中抗日根据地鄂豫边区 1942 年“军费开支占边区总支出的百分之八十”，其次才是行政、投资生产、救灾、优抗等方面的支出。总览各抗日根据地财政支出结构，军事支出在财政支出结

构中的主体地位是普遍的、稳固的、持续的。

不仅军事为财政支出结构的主体，而且军费支出呈现持续快速增长态势。陕甘宁边区军费支出，1939 年比 1937 年至 1938 年增长 1608.06%，1940 年比 1939 年增长 57.10%，1943 年比 1941 年增长 10632.28%；陕甘宁边区军费支出增长非常迅速，从军费规模看 1939 年增速比以前增加 29 个百分点，形成军费支出的第一个高峰。第二个高峰是 1943 年，比 1941 年增长 10632%，达到最高峰。1944 年以后出现下降，但从这一时期开始抗日战争转入反攻阶段，大量军队开赴前线，被服费支出占很大比重，被服费大部分是用于军队的，如果将二者合并起来，1943 年军事支出占比应该是 63.85%，1945 年是 50%，增长率也是不低的。其他抗日根据地军费也是处在增长的态势，如晋冀鲁豫边区 1943 年军费增长 77.3%，出现最高峰；1945 年比 1941 年增长 10 个百分点，仅 1945 年上半年比 1941 年就增长 6235.21%。军事支出的增长有效保障了抗日战争的需要。

由上可知，抗日根据地的财政是全心全意为抗日战争服务的，把用于抗日战争的供给始终放在首位，保持军事支出不断增加，呈现持续快速增长的态势，不论在怎么艰难困苦下都满足战争的需要，是抗日战争坚强的财力和物资后盾。这是抗日战争胜利的保障，从某种视角看比武器更重要。抗日根据地财政为抗日战争的胜利做出的贡献是巨大的，再版的抗日战争时期财政经济史丛书就是铁的见证，每当看到这些记载和数据无不为之感动、自豪和骄傲。

三

财政部党委十分关注中国抗日根据地财经史的研究，从 20 世纪 80 年代开始，中国财政科学研究院就将收集整理出版相关资料和编写抗日根据地财政经济史作为中心任务。在财政部的委托和财政科学研究院牵头和组织下，由各地财政部门和院校的配合努力，不仅编写出版了数千万字的资料长编，而且陆续出版了各抗日根据地财政经济史。

编写这批抗日根据地财政经济史，付出了极大的人力物力和精力。汇集了大量的学者和各地财政部门的领导及干部，进行了大量的资料搜集和挖掘工作，访问了许多在世的抗日根据地干部和将帅战士。书稿在认真细致撰写的基础上经过反复讨论修改、征求意见、核定史料，每本专著都是千锤百炼的精品。更加值得一提的是，有些书的主编就是当年抗日根据地的老领导和老干部，有的还是从事根据地财经工作的，对情况掌握得全，了解得细，认识得深，做到了实事求是，评价客观，保障了全书的史料价值和真实性。从抗日根据地财政经济史的研究来看，我国20世纪80年代撰写的这批抗日根据地财政经济史著作是历史性的壮举，是划时代的成果，是抗日根据地财政研究史上的里程碑。不仅填补了我国抗日战争时期根据地财政经济史研究的空白，具有珍贵的史料价值、重要的学术价值，更具有弘扬革命根据地不怕艰苦、排除万难，为抗日战争胜利不懈努力的财政精神。

抗日战争时期根据地财政经济史是以马列主义、毛泽东思想为指导，以抗日战争时期根据地政府的财政方针、政策为依据，以各抗日根据地财政经济发展实践为基础而编写的。实事求是地总结了抗日根据地财政经济的发展规律和历史经验，各具鲜明的特色。《陕甘宁边区财政经济史》，客观而系统地展示了陕甘宁边区财政经济产生、发展的全部历史，总结了陕甘宁边区财政经济的历史经验和教训，启示着中国特色社会主义财政经济的改革与发展。《晋察冀抗日根据地财政经济史》，从财政、金融、农业、工商业、节约运动、大生产运动等多个层面

记录了晋察冀根据地的财政经济，内容丰富，资料翔实。《抗日战争时期晋冀鲁豫边区财政经济史》，从专业史的角度，反映了边区生产救灾、精兵简政等独具特点的历史事件。《华中抗日根据地鄂豫边区财政经济史》，史论结合，不仅反映了边区财政经济的发展进程，而且把财政经济各项工作相互促进、相互制约的内在联系揭示出来，做到历史与逻辑的统一。《山东革命根据地财政史》，以经济发展为基础，反映了抗日根据地财政收支、制度建设、工商业发展、大生产运动和财政发展的历史。

各抗日根据地财政经济史还有一个共同的特点，就是立足于根据地财政经济史但不就事论事，就财政说财政，而是把财政与经济紧密联系起来，将财政与政治紧密联系起来，把财政与战争紧密联系起来，做到了宏观中有微观、微观中见宏观。虽然是财政史著作，但字里行间又渗透了爱国主义情怀，洋溢着中国人民同仇敌忾、反对侵略、追求和平的心愿。使读者能够从财政的视角更清楚地认识到中国抗日战争胜利的伟大历史意义，中国人民反抗日本侵略在世界反法西斯战争中的重要地位、重大贡献和付出的巨大牺牲，进一步坚信中国共产党是团结全民族取得抗日战争胜利的中流砥柱。

随着时间的推移，这批抗日战争时期根据地财政经济史著作距离现在30多年过去了，由于种种原因不少已经失散，难以找到，有的成为现代的孤本。而且当年的专家和领导有的已经谢世，年轻的专家也到了古稀之年，很难再听到他们的声音，今后再没有抗日战争的当事人撰写抗战史的事情了。所以，很有抢救之必要，中国财政经济出版社经过很大的努力进行收集，并以丛书的面貌再版，使其得到传承和光大，可谓功在千秋。

回顾历史是为了向前看，继往开来，改革创新，开拓新的

历史局面。让再版的抗日根据地财政经济史丛书继续发挥其正能量，教育人、鼓舞人、引导人，使财政在改革发展的道路上开创未来。为中华民族的伟大复兴、为实现党和国家的宏伟蓝图继续奋斗，做出更大的贡献。

赵云旗

2017 年 3 月

序

一九八二年初，武汉大学和中南财经大学刘跃光副教授等十二位同志，受中央财政部的委托，负责编写《华中抗日根据地鄂豫边区财政经济史》一书，并推举原湖北财经学院（中南财经大学的前身）院长洪德铭、湖北省财政厅厅长何福林、湖北省党史征编委员会副主任（原省档案局副局长）魏颖三、原省出版局副局长于溪和我等五人成立领导小组，领导此项工作。中共湖北省委于一九八二年四月予以批准。

本书正、副主编刘跃光、李倩文、张影辉三位副教授和原新四军五师老战士蔡德祜等四位同志与其他八位教师，为编写这部史书曾作出了极大的努力。他们挤出时间，在几乎全无材料的情况下，跑遍了全国有关单位和部门，访问了原新四军五师和鄂豫边区的一些老干部和战士，经过三年多的努力，先后挖掘和收集到几百万字的档案和资料，在充分占有资料的基础上，除已汇编成《华中抗日根据地鄂豫边区财经史料选辑》一书外，即将由湖北人民出版社公开出版发行，现

又写成了这部专著。本书从拟提纲到定稿，经过反复讨论修改，并曾邀请当年在新四军五师和鄂豫边区做过财经工作的刘子厚、张旺午、李健等三十余位老同志，开了半个月的座谈会，征求对编纂此书的意见和核实史料，力求此书有较好的质量。现在，此书最后经刘跃光、李倩文同志统编定稿，交付出版。

目前，全国各革命根据地的财经史已公开出版的还是很少的，这本专著总结了当年鄂豫边区抗日根据地的财政经济工作的基本经验，对今天的社会主义现代化建设仍有借鉴作用。

一九八五年是抗战胜利四十周年。中央宣传部号召全国各大专院校与研究单位，编写抗日斗争史、根据地建设史、财经史等，记叙我党领导抗日战争的伟大历史功绩并论证其在世界反法西斯战争史上的地位；同时，对全国人民进行爱国主义教育和革命传统教育。因此，我期望《华中抗日根据地鄂豫边区财政经济史》一书，在两个文明建设中发挥积极作用。

庄　果

一九八五年十月

注：庄果同志原系新四军五师老战士，曾任鄂豫边区建设银行总行副行长、武汉大学校长、党委书记。现任中共湖北省委顾问委员会委员。

前言

中国共产党领导的中国革命，是经历了长达二十二年的革命战争和根据地建设之后，才取得了全国政权的。革命在全国胜利以前，党就在各个根据地开展了一些可能的和必要的财政经济工作，积累了相当丰富的财政经济工作经验，并造就了一大批具有丰富经验的财政经济管理干部，不仅保证了革命战争的胜利，而且也是新中国成立后顺利地恢复国民经济，开展大规模的社会主义建设的重要条件之一。系统地总结革命根据地的财政经济工作的历史经验，找出带规律性的东西，可以作为今天建设有中国特色的社会主义的借鉴。

革命根据地的财政经济史，是中国新民主主义革命史的一个重要组成部分，是研究和理解新民主主义革命史的重要基础。但是，长期以来由于资料十分缺乏，所以编写抗日根据地的财政经济的专门著作较少。1982 年中央财政部和中共湖北省委委托武汉大学和中南财经大学（湖北财经学院的前身）的刘跃光等十二位教师，花了三年多的时间，搜集了大量珍贵的档案、资料，进行了反复研究，写成了《华中抗日根据地鄂豫边区财政经济史》，并由武汉大学出版社出版。

本书以马列主义、毛泽东思想关于财政经济的基本原理和党在抗日战争时期制定的方针、政策为指导，从华中抗日根据地鄂豫边区的实际出发，实事求是地总结华中抗日根据地鄂豫边区的财政经济的发展规律、特点和历史经验，为当前建设有中国特色的社会主义服务。

本书采取专题形式，史论结合，每一专题要求把自身的矛盾运动和历史发展过程反映出来，又要把财政经济各项工作之间的相互促进、相互制约的内在联系反映出来，力求做到历史与逻辑的统一。

全书分七章。第一章，概论。阐述华中抗日根据地鄂豫边区的自然环境与社会经济状况，中国共产党对根据地财政经济的领导，根据地财政经济发展的历史阶段，以及根据地财政经济工作的概貌，是《华中抗日根据地鄂豫边区财政经济史》的总论。它从分析殖民地、半殖民地的经济结构和民族关系入手，阐述如何把马列主义与中国革命实际结合起来，制定了中国共产党关于抗日战争的路线、方针、政策；又根据抗日战争爆发后社会状况和政治形势的新变化，开辟了敌后抗日根据地。抗日根据地的开辟和坚持，提出了根据地财政经济斗争的重要任务，从经济结构到民族关系到政治斗争，又回到经济斗争，正确处理政治和经济、革命和生产的辩证关系，对全书起统帅作用。第二章，财政。阐述保障革命战争的物资供给，是抗日战争时期财政的中心任务；财政支援对发展公营经济和合作社经济的重要性；对不同阶级实行不同财经政策，对于摧毁旧的生产关系，保护和发展新的生产关系的重要作用；农业税和税收是边区财政的主要来源，军费支出是最主要的支出；一

切为了抗战的需要；配备强有力的干部；建立健全预决算等制度；实行严格的财政管理等。第三章，金融。阐述货币、信贷在根据地支持革命战争和经济生活中的重要地位。发行边币是维护根据地经济独立、促进生产发展、商品流通和巩固政权的重要条件之一。根据地建设银行的出现和发展，以建设银行为领导的新信贷体系对促进生产和流通，扶助边区经济发展，支援革命战争方面所起的作用。第四章，减租减息。阐述减租减息前的阶级关系，党关于减租减息的方针政策，减租减息运动的发动和发展，减租减息中的斗争和胜利。第五章，农业。阐述在减租减息基础上发展农业的双重任务：一方面迅速发展生产力，另一方面调整和改革生产关系。生产力中最重要的因素是人，在小农经济的基础上，特别是实行减租减息之后获得利益的农民为了民族解放积极参军参战，为了解决农村劳力不足的困难，实行了变工互助，这些具有社会主义因素的互助合作形式，对生产力的发展起了很大的促进作用。鄂豫边区党委制定了切实可行的农业政策，并且用财政信贷支援农业，使根据地的农业得到迅速发展。第六章，工业。阐述根据地工业面临的双重任务：一方面发展生产力，创办公营工业，在战争条件下，敌后抗日根据地的公营工业，主要是直接为战争服务的自给性的军需工业，同时组织手工业合作社，保护私营工业，使它们为支援革命战争，保障人民物质生活需要服务；另一方面是正确处理工农关系、师徒关系和劳资关系，实施劳动法，加强政治教育，以提高工人群众的觉悟。第七章，商业。阐述商品交换，特别是出入境贸易对根据地经济的恢复和发展所起的特殊重要作用。敌人的经济封锁和敌顽的夹击对私营商业起了很大的破坏作用，边区贸易的阻滞，扩大了工农业产品的剪刀差，影响了农业和手工业的发展，影响了金融的巩固。在这种情况下，为了恢复和发展根据地经济，于是建立了反映根据地特点和适合战争需要的新的商业组织——对外贸易局、物资统制局、粮食调剂局、粮食合作社和消费合作社等。

我们国家今天正在进行社会主义现代化建设，它既需要借鉴外国某些发展生产和经营管理的经验，也需要吸收我们自己过去根据地财政和经济建设中的历史经验。例如，当时在各个根据地所坚持的“发展经济，保障供给”“艰苦奋斗，自力更生”“把农业作为经济建设的中心”“发行边币必须根据国民经济发展的需要”“关心群众生活，依靠群众力量进行经济建设”等等，对我国今天的四化建设来说，还是具有重要意义的。这本书的出版，不仅可以作为经济建设的历史借鉴，可以对广大人民群众进行革命传统教育，而且对充分肯定中国抗日战争在世界反法西斯战争中的地位与作用是具有一定说服力的。

本书是经过集体讨论，分工执笔写成的：第一章，张影辉、孔祥征；第二章，杨存厚、王永毅；第三章，赵学禹；第四章，李倩文；第五章，陈伯强；第六章，刘跃光；第七章，樊蕴珍、吴德华；大事记，孔祥征、吴德华；前言，刘跃光、李倩文。最后由刘跃光、李倩文统编定稿。庄果和洪德铭对史稿进行了审阅。

因受条件的限制，这本书不可能对华中抗日根据地鄂豫边区财政经济历史作全面系统的分析研究，而只能根据我们原有的基础和目前研究成果作简单介绍，为进一步开展华中抗日根据地鄂豫边区财政经济史的研究，起抛砖引玉的作用。由于我们掌握的资料不足，水平不高，加上未更广泛地征求意见，书中定有不少缺点和错误，敬希革命前辈和读者批评指正。

编　者

一九八五年十一月

目 录

第一章 概　　论

第一节　边区的自然环境、经济状况与武汉沦陷后的形势

一、鄂豫边区的地理位置与自然环境

（一）地理位置

鄂豫边区是在一九三八年十月武汉沦陷以后，全国抗日战争转入相持阶段的艰难时刻，中国共产党在中原抗日前哨建立起来的敌后根据地。它是在中国共产党六届六中全会的正确路线指引下建立和发展起来的。一九三八年九月二十九日，中国共产党在延安召开了六届六中全会，会议批判了王明右倾投降主义的错误，作出了把党的主要工作放在战区和敌后，大力巩固华北，发展华中的战略决策，为鄂豫边区的成立指明了方向。会议还决定撤销长江局，设立中原局，以刘少奇为书记。中原局的成立，对清除王明的右倾投降主义的影响，发展中原敌后游击战争，建立敌后抗日根据地，具有决定性的意义。

早在中原局成立以前，亦即在武汉沦陷以前，周恩来、董必武、叶剑英等同志，就派了一批党员干部到武汉外围农村，恢复党的组织，动员和组织群众准备抗日。因而，武汉沦陷前后，在豫南的确山、信阳、罗山；鄂东的黄安（红安）、黄冈、浠水、黄陂、黄梅；鄂中的应城、应山、汉川、汉阳；鄂西的江陵、钟祥、当阳；鄂南的武昌、鄂城、大冶、崇阳、咸宁；鄂北的随（县）、枣（阳）等地，都燃起了武装抗日的熊熊烈火。

中原局成立后，刘少奇同志遵照党中央和毛泽东同志提出的向敌后发展的战略方针，立即作出了中原敌后抗战的战略部署，成立了新四军鄂豫独立游击支队，以李先念为司令员、周志坚为参谋长，百余人自竹沟南下，挺进武汉外围敌后，用“滚雪球”的方法，逐步地扩大了抗日战争的力量。从新四军鄂豫独立游击支队——鄂豫挺进支队——鄂豫挺进纵队及新四军第五师的建立和发展，到抗日战争胜利时，全边区已拥有五万多人的正规部队和三十余万人的民兵武装。从日寇铁蹄下解放的国土，已由豫南的竹沟、鄂中的汤池、鄂东的七里坪三个战略基点逐步扩大到东起安徽的宿松、太湖和江西的彭泽，西到湖北的宜昌，北始河南的舞阳、叶县，南至幕阜山麓和洞庭湖畔，跨有鄂、豫、皖、湘、赣五省交界的辽阔地区，包括第二次国内革命战争时期鄂豫皖、湘鄂西、湘鄂赣三大革命根据地的大部或一部。它拥有九万多平方公里的面积，一千三百多万人口。建立了七个专区，三十九个县的抗日民主政权，约五十多个县的游击活动地区（均不包括县城）。这样，在军事上不仅包围了盘踞武汉之敌，而且在战略上可东去苏皖，直下浙赣；西临川陕，为西南屏障；南联湘黔，可抵两广；北通冀鲁，绾毂中原，是华中敌后战场的重要战略地区之一。

（二）自然环境

鄂豫边区位于鄂豫交界的湖广盆地，东、北、西三面山脉绵延，俯瞰长江，雄视武汉，地势险要；南部地势平坦，江汉平原居其中，宜于耕种，物产丰富。境内平汉、粤汉两铁路纵贯南北，长江、汉水横亘东西。江河湖泊，星罗棋布，公路密如蛛网，交通十分方便。

在边区境内，有四大山脉，迤逦其间。在平汉路西侧：一为大洪山，在湖北的京山、随县之间，南靠京（山）钟（祥）公路，抵汉水东岸，北连襄（阳）花（园）公路，东至涢水（亦称府河），村落、人口稠密，物产丰富，尤以米麦为大宗。在军事上处于襄花、京钟公路之间，地势险要，给敌人威胁很大。一为桐柏山，在湖北的枣阳与河南桐柏之间，东起武胜关，西至襄阳附近之双沟，北抵信阳、确山、唐河，南联襄（阳）花（园）公路，周围不下数千里，人口、村落相当稠密，因其周围靠近铁路、公路，虽然易遭敌人包围袭击，但也可给敌人以严重威胁，成为四面出击敌人之军事据点。在平汉路东侧：一为大悟山：在湖北礼山（今大悟县）与河南经扶（今新县）之间，东与鄂、豫、皖三省交界处之大别山主脉衔接，西至武胜关与桐柏山相连，北靠潢（川）南（阳）公路，南向礼山、黄冈、麻城三县延伸与黄陂县境内之木兰山相连。林木丛生，农产品丰富，因连接大别山、桐柏山，在军事上的价值很大。一为大别山，雄峙鄂、豫、皖三省边界，迄河南商城和安徽金寨、六安，西至河南经扶与大悟山相接，南抵湖北麻城、罗田、英山，东延安徽霍山，为一千公尺以上山地，最高峰天堂岩高达一千七百余公尺。大别山区，山高林密，又无较大公路，不易为敌人进袭。村落稠密，物产丰富，为著名革命根据地。另外还有幕阜山蜿蜒湘鄂边，为鄂南重要游击根据地。上述诸山，相互连贯，居高临下，形成俯视武汉重镇及重要交通要道之雄姿，对人民进行游击战争，建立敌后抗日根据地，具有十分重要的价值。[1]

鄂豫边区江河纵横交错，除浩浩荡荡的长江外，在平汉路西境内的有襄河、府河（涢水）、环水、宋河（大富河）、漳水。其中最大的为襄河，主源出于汉中，由白河入湖北境，沿襄樊，荆门、天门、汉川、汉阳至汉口入长江。沿河两岸自襄樊以上多为坡地，河面甚宽；以下则为平原，河面狭窄，但水甚深。沿河两岸盛产稻、棉、麦，如无大的水、旱、虫灾，沿岸的农民可丰衣足食。其次为府河

[1] 《鄂豫边区根据地概况》，1942 年 8 月。

（涢水），发源于大洪山，流经随县、安陆、云梦、孝感、应城至汉川，与襄河汇合入长江。随县以上河面不宽，有的地方可涉水而过，随县以下可通舟楫。两岸为平原，盛产米、麦。环水，发源于平汉铁路东礼山境内，流经花园，沿铁路直入孝感之白水湖，出汉口之苑家，汇合于长江。路西两岸多为圩堤，无险可利用，且靠近铁路，影响我军行动，对军事不利。宋河（大富河）、漳水均发源于大洪山，流程不长，大富河，由京山之三阳店经宋河镇入应城刁叉湖汇合于府河。漳水由京山平坝流经安陆桑树店、云梦胡金店也汇合于府河。两河均可航行一般船舶，两河沿岸平坦，盛产米麦，亦为富庶之地。

在路东有倒水、武湖水，倒水两岸山地居多，地势很好。在河南境内的有淮河和潢水，淮河有舟楫之利，两岸地势亦好；潢水在潢川与淮河间的一段可通大小船只。[1]

湖北省是我国湖泊最多的省份，有“千湖之省”的称号。鄂豫边区的湖泊在河南境内的不多，而所在湖北的居多。大小湖泊约千余个，多数分布在黄冈以西、江陵以东广阔的江汉平原上，形连体接，川渠交错，水道相通，可行舟楫，也利灌溉。其中以洪湖为最大，面积为四百三十八平方公里，它是第二次国内革命战争时期的根据地，群众基础甚好，加之港汊交错，一般说来不便于敌军行动而利于人民游击战争的发展。此外比较大的还有洪湖县境内的大沙湖，潜江、监利之间的泽源湖、白露湖，孝感、汉口间之西湖，黄陂以南之武湖，黄冈以西之张渡湖，应城、汉川、天门间的刁叉湖等。这些湖泊多与长江汉水相通，湖岸滩地广阔，是农业垦殖的主要场所，莲藕、鱼、禽丰富，有利于人民游击队伍的生存和发展。[2]

鄂豫边区陆路交通有平汉（粤汉）铁路，纵贯其中。沿路地势，花园以北山峦起伏，花园以南为平原，全长约二百一十公里。

公路有潢汉，潢南、汉宜、襄花、襄宜等五大干线。潢汉路由潢川经黄陂至汉口，沿路均为山地，地势险要。潢南路由潢川经罗山、信阳、桐柏、唐河到南阳。沿途大半为平原，仅信阳到桐柏间为山

---

〔1〕〔2〕《鄂豫边区根据地概况》，1942年8月。

地，并多险隘。汉宜路由汉口经应城、皂市、沙洋、当阳至宜昌。全路除皂市至沙洋、当阳至宜昌两段路旁多为小山地外，其余均为平原，此线为日寇进攻我国西南大后方之交通要道。襄花路由花园经安陆、马坪、随县至襄阳。全路是从大洪、桐柏两山中的腹地插过，沿途坡隘较多，是敌人从汉口至随枣及襄樊前线之唯一交通运输线。襄宜路由襄阳北经邓县，南由襄阳经宜城至十里铺，接宜汉路，直达汉口，在军事战略上非常重要。除上述五大干线外，还有密如蛛网的支路，由主线路伸向四面八方，形成纵横交错的公路网。上述交通要道为敌人所利用，对我威胁甚大。

鄂豫边区，特别是随县以东及沿汉水各县为湖区地带，素称鱼米之乡，盛产米、麦、棉，此外还产杂粮、菜籽、黄豆、玉米、小米、花生、茶叶及山货等。丰收之年汉水一带有大批粮食和棉花可资外运，远销武汉、河南、湖南、贵州等地。歉收之年也可自给自足。其他农副产品尚有丝、麻、豆油、菜油、桐油、生漆、皮革、猪鬃、蛋类等。由于盛产米、棉、油籽，故碾米、纺织、榨油等产业在这个地区较为发达。鄂豫边区的矿产有汉阳、大冶出产的煤和铁，应城矿区出产石膏和盐，盐的产量较大，能供给附近八个到十三个县的需要，但均被敌人所控制。

鄂豫边区资源丰富，工农业较为发达，军民的穿衣吃饭不成问题。但在军事工业方面，由于敌人控制较严，发展存在着许多困难。总之，鄂豫边区的地理位置、自然环境及经济条件，都充分说明边区的战略地位十分重要。在抗日战争相持阶段，它不断威胁武汉之敌，钳住宜、沙大量敌伪，并钳制了敌人打通粤汉铁路的行动。

二、敌顽夹击下的边区政治、军事、经济形势

一九三八年武汉沦陷后，全国抗日战争转入了最艰难的相持阶段。日寇在军事上停止正面战场的进攻，转而向我党抗日根据地进行“扫荡”，政治上实行“以华制华”，经济上实行“以战养战”，以达到其灭亡中国的目的。而国民党在日本的“政治诱降”下，转为消

极抗日、积极反共。鄂豫边区根据地就是在这样艰难的时刻诞生的。当时边区所面临的局面：一面是日寇和伪军；另一面是国民党顽军。

日寇经常对边区进行军事“扫荡”。他们在武汉及其外围二十八个县的重要城镇屯以重兵。太平洋战争爆发以前，敌人经常驻守在这里的兵力计有：第三、第四、第六、第十三、第二十九、第四十等六个师团和两个旅团约十五万重兵。敌人沿铁路、公路、长江的市镇及交通要道修筑碉堡，遍设据点以强化其统治，仅在人民武装活动区内设立的据点就有一百四十八个。[1]日寇还大肆搜罗散兵游勇、民族败类，拼凑伪政权伪军队，如汪步青的伪和平救国军；刘佐三的伪华中剿匪军；李森林的伪保安队等。供其驱使的伪军达八万之众，他们为虎作伥，嚣张一时。一九四零年以后，我边区已初具规模，给日寇以极大的威胁。于是敌人加紧了对边区的反复扫荡，采取几路包围，迂回偷袭，跟踪追击等办法，以求扑灭边区人民军队。敌人还企图将我军压到顽军地区，借顽军之手消灭我军。

鄂豫边区军民在抗击敌伪的同时，还要对付国民党顽军的摩擦。一九三九年一月，国民党召开五届五中全会，推行“防共”、“溶共”、“限共”的政策。会后陆续颁发了《限制异党活动的办法》、《异党问题处理办法》、《处理异党实施方案》等反动法令，用全副力量来对付共产党领导的人民军队和解放区。国民党顽军占据着大别山、大洪山、桐柏山、幕阜山，割断我边区与华北、华中各抗日根据地的联系，使我边区长期孤悬敌后。他们在边区周围设置第一、第五、第六、第九等四个战区（一九四四年重划为一、三、五、六、九、十等六个战区）。部署的第一线部队共有七个军团，总计约四十万众。在蒋介石反共政策的驱使下，顽军不断向我边区寻衅，制造摩擦。国民党湖北省政府从一九三九年开始逐年都有“围剿”新四军鄂豫边区部队的计划。一九四一年“皖南事变”以后，增加到逐月都有围剿计划。国民党顽固派诬蔑抗日的人民军队为“奸匪”，甚至勾结敌伪“围剿”鄂豫边区，在下达命令时竟说：“在剿匪期间应避

〔1〕 任质斌：“新四军五师是怎样成长壮大和完成她的历史任务的”，《战斗在鄂豫边区》。

免与敌决战。”[1]

在敌伪顽三方面包围夹击中，边区军民面临着非常艰苦的斗争形势。

这种政治军事上的险恶的形势，给边区经济生活造成很大的困难。由于日寇频繁的军事“扫荡”和实行残酷的“三光”政策，日寇所到之处，人烟稀少，一片废墟。边区人民缺衣少食，啼饥号寒。敌人一方面对边区实行经济封锁，断绝敌后我军民生活用品、工业品、军需物资的来源；另一方面，利用奸商高价收购边区的农副产品，谷米、杂粮、棉花、牲畜、油料，不断流向敌占区。日寇破坏边区经济的另一罪行就是破坏币制。日寇不仅在其占领区强行使用军票、伪币、日币，而且将它投掷到边区，企图以日伪钞票压倒留在敌后的法币；同时又千方百计在边区搜括法币、辅币，使边区法币、辅币日益减少。由于金融混乱，法币贬值，影响物价上涨，人民生活困苦不堪。与此同时，顽固派也助纣为虐，他们利用国统区对食盐、工业品等物资的统制专卖政策封锁边区，妄图困杀边区军民。他们经常窜到边区抢粮、“借”粮，搜刮老百姓，强行圈地拆屋，修筑反共碉堡；他们横征暴敛，苛捐杂税，多如牛毛。巧立名目，敲诈勒索，扼杀了人民的生机。为了克服上述困难，坚持敌后游击战争，巩固和发展敌后根据地，在党中央领导下，边区党委高举抗日民族统一战线的旗帜，团结一切可以团结的力量，在与敌伪顽进行政治军事斗争的同时，还开展了财政经济战线上的艰苦斗争。

〔1〕 任质斌：“新四军五师是怎样成长壮大和完成她的历史任务的”，《长江日报》，1981 年 7 月 24 日。

第二节　党对边区财政经济工作的领导

一、鄂豫边区的财政经济工作是在中共中央的正确指引下进行的

一九三七年八月，中共中央在陕北洛川召开了政治局扩大会议。会议通过了《关于目前形势与党的任务的决定》。《决定》指出："七·七"卢沟桥事变已成为中国全面抗战的起点。这一阶段的中心任务是动员一切力量争取抗战胜利。会上根据毛泽东的建议制定了《抗日救国十大纲领》，全面规定了党在抗日战争时期政治、经济、军事、外交等方面的工作纲领，是中国共产党领导中国人民打败日本侵略者、建设新中国的全面抗战路线的具体体现。其中关于财政经济工作方面，《纲领》明确指出："财政政策以有钱出钱和没收汉奸财产作抗日经费为原则。经济政策是：整顿和扩大国防生产，发展农村经济，保证战时生产品的自给。提倡国货，改良土产。禁绝日货，取缔奸商，反对投机操纵。"《纲领》还把加强财政经济工作与改良人民生活联系起来，提出要"改良工人、职员、教员和抗日军人的待遇。优待抗日军人的家属。废除苛捐杂税。减租减息。救济失业。调节粮食。赈济灾荒"。[1]一九四二年毛泽东又再三强调把"发展经济，保障供给"[2]作为我们经济工作和财政工作的总方针。

一九四〇年中共中央发出了《中央关于建立与巩固华中新根据地的指示》。其中关于财政经济工作方面，指出：(一)"应该注意开始便作长期打算，节省人力物力，注意培养积蓄，认真的爱护根据地，反对临时性的抓一把的办法，要有比较固定的经常的政策"。

---

[1][2]《毛泽东选集合订本》，第328、848页。

（二）“严格建立各级预决算制度，实行统筹统支，实行统一的累进税制”。（三）“设立银行，开展合作运动，发展工农业生产，发展对外贸易，反对贪污浪费”。（四）“严格规定动员人力牲口的办法，禁止各部分随便自由募捐筹款，禁止一切浪费人力物力，破坏生产的动员”。（五）“对商人政策要正确，根据地内商业应有自由。对敌区的商业应有一定限度的统制”。（六）“对于各项负担，应按照有力出力、有钱出钱的原则，但根据地居民百分之八十以上的人口均应负担，不可将负担完全放在富有者身上。尤其是我军刚占领新区时，不应向老百姓要东西过多，而应及时实行许多善政，以便老百姓了解旧政权同新政权的区别”。

一九四三年六月十八日，刘少奇在《对华中工作的意见》中，又特别指出在以军事行动打开根据地的局面，开展群众工作和建立政权之后，就应以组织与发展根据地生产为中心工作，以便打下将来坚持根据地的基础。

党中央有关财政经济的方针和政策正确地引导了鄂豫边区财政经济工作沿着健康的方向发展。

二、鄂豫边区党委对财政经济工作的领导

边区党委根据中共中央有关财政经济的纲领、政策、方针、路线，结合边区的实际，进行了认真地贯彻。

首先，在指导思想上，针对边区孤悬敌后、独立作战的具体环境，坚持了边区财政经济工作，必须立足于独立自主，自力更生的基础上，必须服务于争取战争胜利这一中心任务；始终把“发展经济”，“保障供给”作为财政经济工作的总方针，以“发展经济”来“开辟财源”，反对竭泽而渔，诛求无已；坚持靠取之于民，用之于民”，“有钱出钱，有力出力”，“合理负担”的原则，保证人民生活有所改善，负担合理，在有所失的同时有所得，并使得大于失。

其次，制定《施政纲领》，作为边区人民的行动纲领。一九四二年三月，边区召开了第一届抗日人民代表大会。大会经过充分讨论，

通过了《鄂豫边区施政纲领》。《施政纲领》共分二十五条，对贯彻执行统一战线政策、扩大抗日民主武装，实行“三三制”民主政治，开展战时的财政经济工作，保护工农群众基本利益，普及文化教育等都做了明确规定。其中关于财政经济政策方面，提出了“实行抗战的经济政策”“发展农业生产”“实行粮食统制，武装保护收成”“统一财政税收，建立以实物为标准的收支制度”“实行合理负担”“举办土地登记，实行减租减息”“健全财政机构，实行金库制度，调整劳资关系”“严禁敌伪钞票在边区境内流通，维护法币，发行边币”等。《施政纲领》中所规定的这些方针政策，为开展边区财政经济工作进一步指明了奋斗目标。

最后，根据《施政纲领》所规定的原则，边区党委制定了以下有关财政经济的方针：

（一）一切为了长期抗战，为了战争的胜利

抗日战争时期，中日民族矛盾是主要的矛盾，主要敌人是日本帝国主义。当时敌我双方的基本特点是敌强我弱，敌小我大，敌寡助我多助，敌退步我进步。由于敌强我弱，我们不可能速胜，抗日战争是持久战；由于敌小我大，敌寡助我多助，敌退步我进步，最后胜利是属于中国的。敌我双方的矛盾情况决定了我们的中心任务是坚持持久抗战，夺取抗战的最后胜利。抗日战争时期，党的一切政策，都应为了长期抗战，为了战争的胜利，必须坚持一切为了抗战，一切服从抗战的最高原则。财政经济工作也不例外，它必须从抗日战争的实际出发，围绕抗战的需要，组织经济建设，开展财政工作，保证革命战争的给养与供给，保证边区抗日民主政府的一切费用的开支，使部队和机关干部吃得饱，穿得暖，增强体质，提高战斗力，以支持长期抗战，夺取抗战的最后的胜利。

（二）执行抗日民族统一战线政策，调动一切可以调动的积极因素

抗日民族统一战线是克敌制胜的法宝。抗日民主政府是抗日民族统一战线的政府，一切政策都要有利于巩固和发展抗日民族统一

战线。在财政经济工作方面，边区政府的政策是兼顾各阶层人民的利益，提高各阶级、阶层人民的抗日热忱和生产热忱，以这种热忱来保证政府的财政来源，保证农、工、商各业的发展，保证边区经济逐步达到自给自足，以粉碎敌人的掠夺和封锁。执行统一战线政策照顾各阶层人民的利益，体现在各个方面：在土地政策方面，除对坚决当汉奸的少数人的土地财产予以没收外，其余一切伪军政人员的土地财产一律不予没收。对于住在敌占区或者参加过反共活动的地主富农的土地财产一律加以保护，争取他们回来居住收租，保证他们的安全。实行减租减息政策，既要叫地主减租减息，以减轻封建剥削，改善农民生活，又要叫农民交租交息，保护地主的合法利益，使他们支持抗日。在劳动政策上，既要注意适当提高工人的工资，改善工人生活和劳动条件，又要求工人遵守劳动纪律，提高劳动生产率，使资本家有钱可赚。在抗日负担方面，坚持“有钱出钱，有力出力”的合理负担的政策，使百分之八十以上的居民，均负担国家赋税，不将负担全部压在地主资本家身上。既保证机关部队人员的物资供应，又注意减轻人民的负担。在救灾方面，采取生产自救和减免负担的政策，政府提倡主佃合作，贫富互助，穷人出力，富人出钱，举办实业，兴修水利的生产建设运动。各级政府还筹拨专款办理以工代赈，一面救济，一面建设；一面照顾贫苦人民生活，一面保障殷实富户的利益，统筹兼顾，以便团结一切可以团结的力量，调动一切积极因素，齐心协力，把财政经济建设搞好。

（三）坚持“发展经济，保障供给”的方针

财政是庶政之母，经济建设又是财政的基础，只有发展经济才能增加边区财富，增加政府收入，以解决部队和机关的给养，支援长期战争。因此边区的财政经济始终以发展生产为中心，以搞好生产作为发展经济的物质基础，作为解决财政困难的基本手段。在敌、伪、顽加紧封锁，边区经济遭到严重破坏的情况下，边区政府建立了自己的公营经济，放手发动群众，努力发展农业生产、工业生产和商业贸易，并领导和保护私营经济的发展，解决了部队的穿衣吃饭及部分弹

药问题，使边区战胜了各种困难。实践证明，解决财政困难不能光在财政收支上打圈子，而必须从发展经济上找出路。只有发展经济，才能解决财政困难，才能使财源充裕。“发展经济，保障供给”是唯一正确的发展财政经济的总方针。

（四）艰苦奋斗，自力更生

鄂豫边区长期孤悬敌后，处于敌、伪、顽的夹击之中，是一个独立作战的战略单位，与华北、华中兄弟部队和各抗日根据地相隔绝，无法得到他们的人力和物力的支援。敌寇经常对边区进行扫荡掠夺和经济封锁。国民党不仅不发军饷，而且还进行经济封锁。边区面临的困难是很大的，但是边区党委和政府没有被困难所吓倒，而是依靠艰苦奋斗，自力更生，克服困难。自力更生的根本办法是增产节约，开源节流。开源就是发动群众和机关部队所有人员努力发展生产，广辟财源，增加收入。节流就是精兵简政，节约开支。平时所有人员实行供给制，供应生活必需品，保证起码的生活水平。粮食不够时，稀饭加野菜。灾荒年景，边区党委还发动过“一把米”运动，即人民群众每人每餐节约一把米，支援抗日军队；军队做饭，每餐每人节约一把米，减轻人民负担。为了节约办公用纸，常常用破旧书刊起草公文；一张白纸，要重复用三遍，第一遍用红笔写，第二遍用蓝笔写，第三遍用墨笔写。尽可能地节约开支。

（五）粉碎敌伪的经济封锁，保持边区经济上的独立自主

为了粉碎敌伪顽对我抗日根据地的封锁、掠夺，我们的对策是坚持独立自主的精神，进行反封锁、反掠夺。一方面广泛发动群众，造成声势浩大的群众运动，组织互助合作，发展生产，踊跃纳税，以支援部队，改善人民生活。另一方面保证群众的正当商业，发展公营贸易，建立出入境税收制度，发行边币，严禁日伪钞票的流通，减轻法币贬值的影响，以破坏与抵制敌伪顽的封锁与掠夺。

第三节 鄂豫边区财政经济的建立与发展

鄂豫边区财政经济，是随着敌后游击战争的开展和鄂豫边区根据地的创建和发展而逐步建立与发展起来的，大致经历了三个阶段。

一、鄂豫边区财政经济的初创阶段（1938 年 10 月—1940 年 9 月）

一九三八年十月武汉失守后，边区游击战争开始发动，我党领导的抗日武装尚处于分散的状态。各地虽然进行了武装斗争，建立了小块根据地，但由于没有形成统一的抗日武装和建立统一的边区政府，因而也不可能建立统一的财经制度，只能靠临时的不稳定的收入来支持战争。虽初步开展了税收工作，但经济建设还没有开始。当时筹粮筹款主要采取以下三种方式。

（一）募捐和借粮

主要是通过宣传和动员以启发群众觉悟，自动地出钱出粮支援抗战。在我党“有钱出钱，有力出力”的号召下，根据地的人民群众踊跃捐献。如一九三九年一月，李先念率领新四军独立游击支队从河南竹沟出发，进入湖北礼山县时，曾动员黄家畈锅厂老板，一次乐捐一万三千七百元。又如部队在随县卫山时，向民众借米二百石（担），向茅畈街上地主刘万太借银三百元。应城膏盐矿商，曾献出大量银元资助部队。除此而外，还征收抗日月捐。通过乡、保、甲基层政权，实行按户摊派，方法虽然简便，但对困难户照顾不够。以后又按田亩缴纳，实行富人多出，穷人少出或免出的“合理负担”的原则。

（二）打日本鬼子、汉奸，没收其财产及物资，以增加财政收入

如刘西尧、方毅在鄂东组织武装便衣队，武装没收仇货。安陆响堂湾汉奸胡汉忠，被我抗日武装逮捕，他为了保全性命，交出黄金三块。一九三九年我部队到达安陆，曾以小部队去捕捉维持会的汉奸和伪保长并予以罚款，当时雷公店一带的大小汉奸都曾被捉罚款。同年八月，鄂中区党委在京山召开了抗日十人团第一次代表大会，成立了抗日十人团总部。“抗十团”的任务之一，就是广泛地发动群众，打击汉奸和袭击零星日寇，没收其货船以及其他物资。

（三）部分地区开始征收座商税和行商税

坐商税是向固定店铺征收税款，主要在根据地内进行。此种税收的税率一般较低，不及敌、伪、顽统治区的十分之二，由各地方政权进行征收。行商税即关税，也叫进出境税，即对进出边区的行商，征收过境的货物税。鄂豫边区地处“九省通衢”的武汉外围，长江中部，汉水下游，平汉铁路南端广大地区，物产富饶，商业发达，交通便利，税源丰富。收税的办法是由我地方政府组织武装税收队，在交通要道设卡收税，有时也到沦陷区或游击区的大小城镇、通商口岸去征税。税收队活动范围很广泛，直逼武汉近郊的姑嫂树等地。据一九四〇年五月统计，当时我边区军政工作费用的开支每月约需二十万元左右，仅税收（指关税）一项即接近此数字。税收对增加财政收入，保证供给，起了很大的作用。因系初创阶段，规章制度还很不健全，因此这些地区虽然开始了税收工作，但没有正规的税则、税率，收入和支出也没有健全的制度。

二、鄂豫边区财政经济的建立和发展阶段（1940年10月—1943年6月）

这阶段统一了财经工作，以正规的税收为主要收入，并由坐商、行商两种税收为主逐渐转移到以农业税为主，用发展经济来保障供给。为了保证粮食税负担合理，边区开展了查田工作；开始征实，实行两级财政（两级收入）；开始二五减租；发展生产，扶助民众生产，办合作社和为公营企业开辟税源；健全制度（统收统支、预决算制度），使边区财经工作逐渐发展起来。

一九四〇年九月一日，边区党委在京山八字门召开了第一次军政代表大会。会议根据“三三制”原则，成立了边区军政联合办事处。不久，即成立边区行政公署，成为边区的最高政权机关。为克服过去财政税收工作中的混乱现象，统一财政税收工作，以整顿财政，发展生产和增加收入，边区行政公署先后颁布了《各县区整理田赋委员会简章》、《各项税捐暂行条例》、《粮食统制暂行条例》和《贸易统制暂行条例》等。

随着根据地的巩固与扩大，党政军人员不断增加，财政开支亦与日俱增。加之一九四〇年夏季，边区发生了严重的旱灾，全边区十九个县中，只有位于天汉湖区的汉川、汉阳两县收成较好，其余各县一般只有常年十分之二三的年景。为了保证抗日部队的给养和解决民生问题，边区党委决定设立专门的财政机构，以加强财经工作。一九四〇年十月，区党委召开财经工作会议，决定成立财经委员会，由边区党委副书记陈少敏兼任财委书记。会议根据中共中央中原局和刘少奇同志于同年八月十三日发来的关于实行“二五减租”，“减租后即进行征收救国公粮的工作”等指示，作出了“提倡生产，增辟财源”的决定。会议要求“各级负责同志在财政经济工作方面，贯彻长期准备和全面打算的精神，为实施新民主主义经济建设而斗争。”[1] 边区财经工作会议的召开，标志着边区的财经工作开始由分散到统一，逐步走向正规。

财经会议之后，边区政府和边区党委采取了一系列的财政措施。

（一）整理田赋税捐

鄂豫边区处于敌、伪、顽夹击的三角地带，由于日寇的蹂躏，生

〔1〕 许子威：《论边区的财政经济工作》。

产力遭到极大的破坏，加之沉重的战争负担和连年的天灾，使人民的生活极度困苦。边区政府为了“保护各革命阶级的利益，保护工商业，增加农业生产”，“改善人民生活”，提出“合理负担”田赋的政策。为了做到田赋负担合理，必须查清边区的土地数量，为此，在各县进行了户口田亩登记。田赋计算标准按照土地收获量的多少，将田亩分为上、中、下三等，按累进税率征收。以中等计算，每亩每年征收稻谷一斗二升。全边区共有田四百万亩，可征谷五十万石。[1]农民有田在五亩以下者，只出半数；抗属全免；租种他人土地者，佃户不负担田赋。这一工作取得了显著效果。例如黄冈地区自下忙开征后，田赋公粮，比上忙增加二十万亩。[2]做到了深征广征，负担公平。

为克服税收工作中的紊乱现象，边区政府还逐步实行了累进税则，废除了原敌、伪、顽政权的一切苛捐杂税，实行低税制。在此时期内，关税仍然是边区政府财政的主要来源。

（二）健全财政机构，建立统筹统支制度

“为纠正筹款混乱现象，统一收支制度”，区党委为此做了很大的努力。在鄂豫挺进纵队建立后，设立了供给部，各团队相应地建立了供给股；各县政府设立财政科，抽调一批文化程度较高，斗争经验丰富的军政人员，担任财政经济领导工作。为培养财政税收干部，洪山公学还专门开设了财政税务班，学员毕业后分到各县担任税务局长，或关卡的税务干部，从事税收工作。为纠正财政混乱现象，边区政府还在内部反对本位主义和游击主义，建立了预决算制度和收支报告制度。特别是粮食管理制度的建立，对保障供给起了重大作用。

（三）实行减租减息

为了减轻封建剥削，充分发动农民参加抗战，一九四〇年八月，区党委和新四军挺进纵队，在白兆山九口堰联合召开了军政干部大会，提出“要切实准备二五减租”。首先在信南、黄陂、汉川进行试

〔1〕〔2〕《区党委对鄂豫边区经济困难解决办法》，1942 年 4 月。

点，一九四一年后逐步开展。

随着游击战争的发展，到一九四一年三月，边区已扩大到十七个县的范围，陆续建立了十二个县级政权。一九四一年四月召开第二次军政代表大会，按“三三制”原则，成立了鄂豫边区行政公署。大会讨论并通过了十八项重要提案，其中财政经济方面的议案有：“确定地方与边区两级税制；整理、接收各县贸易统制局；改订田赋制度；创建边区建设银行；发展边区合作事业；建立边区各地交通机关；实行粮食统制等议案。”[1]一九四一年十二月，边区党委再次召开财政经济工作会议，决定改田赋税为田赋征粮，并征收救国公粮。把财政收入以税收为主转变到以田赋为主。

继一九四〇年后，一九四一年边区又遭到六十年来未有的特大旱灾，全边区收成不到二成，受灾人口达二百余万，占当时边区总人口的三分之二。由于连续两年来的严重灾荒，使农产品减少，而敌伪又乘危加紧了对边区的掠夺，在向边区投掷大量法币的同时，肆意贬低法币的价值，并以高价吸收边区农产品，造成边区通货膨胀，经济混乱。再加上国民党顽军的包围封锁，致使边区“物价高涨，米粮缺乏”，许多地区呈现灾荒状态，群众没有饭吃，全村全家行乞。部队给养十分困难，常以野菜、葛根、黄荆叶充饥。

为了战胜严重的财政经济困难，并作长期抗战的准备，边区党委认为最根本的办法是“进行经济建设，用经济建设的方法，克服困难。”边区党委根据毛泽东同志和党中央提出的“发展经济、保障供给”的财政经济总方针，于一九四二年元月十一日作出了《关于经济建设的决定》。《决定》从边区实际情况出发，提出了边区经济建设的任务和注意事项。

第一，边区建设的中心任务是着重于发展农业生产事业，这是经济建设事业基本的基本，要求各县广泛地进行修坝、修塘、挖堰、筑堤等水利建设，以防止天旱与水涝。此外谷种之准备，肥料的收集，精耕细作，开垦熟荒，防止再荒，都要按步骤进行。

---

[1] 《五师地区财经及粮食须解决之方法》。

第二，发展手工业，摆脱对于“洋货”之依赖。由政府负责广为提倡，组织发动人民群众自己动手纺纱、织布、织毛巾和袜子，生产卷烟，制造肥皂、纸张、电池和油墨等，尽量争取完全自给或大部自给。政府亦大力扶植，必要时可以贷款。

第三，要求各县“组织贸易机关，实行统制贸易”。收集土产品组织出境，购回边区急切需要的物资，限制非必需品之流入，在可能范围内做到物物交换，杜绝法币流入，保证我边区必需品得到源源不断的供应。同时教育群众，自觉地不将米、棉等生活必需品卖给敌伪。发展木子油等土特产的生产，政府可酌情停止或减收土特产之捐税，以示奖励。

第四，要求各级政府爱惜人力、物力，培养元气。减少群众会议，减少夫役，使劳动力主要用于生产，反对浪费劳动力现象。禁止各级政府擅自发动慰劳，增加捐税等。

第五，要求机关部队力求紧缩编制，减少开支，厉行节约。

《决定》给边区财政经济工作指出了明确的方向，促进了经济建设事业的发展。

为了渡过难关，边区政府还采取向余粮户借募粮食的紧急措施，以解决军需民食的困难。为了照顾灾民生活，边区政府采取了一系列救济措施：由丰收地区政府发起大规模的募捐运动，并设法收容和安置逃荒的灾民；在灾区内部普遍发动借粮、借种和采取“穷人出力，富人出钱”互助救灾的措施；各级政府筹款，办理公赈。[1]帮助农民渡过了灾荒，保持了地方秩序的安宁。

一九四二年三月，边区党委和行政公署在京山召开第一届抗日人民代表大会。大会根据中共中央抗日民族统一战线方针和抗日救国十大纲领，制定了《鄂豫边区施政纲领》。

这次大会较为全面地规定了党在边区的财政经济的方针政策，并确定今后主要依靠田赋公粮解决财政的方针，并决定公粮以收成多少，田赋按土地多少，累进计征，合理负担；征收实物（粮食），

〔1〕 许子威：《一九四二年边区民主建设之回顾》。

以确保部队机关之给养，稳定边币币值，平抑物价。

从一九四二年起，边区的农业、工业、商业贸易迅速发展起来。

一九四二年边区开展了以兴修水利为中心的春耕生产运动。边区山多湖多，山区多旱，湖区多涝。边区政府号召各县开展“千塘百坝”运动，领导人民挖塘、修堤、筑坝；发动湖区人民筑堤、建闸、疏通河道。为了动员各阶层人民参加水利建设，安应地区的党和政府，提出了“有田出粮，无田出力，以工代赈”的口号，调动各方面的力量，以支援水利建设。这样就保证了边区各县尤其是鄂中的天、汉、京、钟、信、应等山湖两多地区一九四二年的夏收和秋收。边区政府在兴修水利，组织春耕生产的同时，还根据群众的迫切需要，领导群众进行日常的经济斗争。在信南、鄂中、鄂东等地区，发动群众开展借粮运动，以度灾荒；在天门县，党领导人民展开了著名的“柴山”斗争；在黄冈地区，组织渔民展开反湖霸的斗争。

由于开展了上述工作，使边区农业生产取得了较好收成，帮助了边区政府机关部队和人民群众度过了最艰难的岁月。

为了保证军需和民用，繁荣经济，活跃市场，行政公署利用边区盛产米、麦、棉花、丝、麻、皮革等的有利条件，办起了军用工厂和民用工厂。如修械所、兵工厂、缝纫厂、军服厂、造纸厂、印刷厂、皮革厂、卷烟厂、织袜厂、纺纱厂、毛巾厂、肥皂厂、榨油厂等。这些工厂的建立，既保证了供给，也促进了边区经济的繁荣，并为党培养了一批懂生产管理的经济干部。

为反击敌伪的经济掠夺和打破国民党顽固派的经济封锁，边区政府实行统制对外贸易，发行边币，加强金融管理。边区政府过去曾在贸易方面实行禁运政策，禁止重要物资出境，禁止敌货入境和保护食盐发展，但因边区的边界与敌伪区域犬牙交错，禁运政策不易收到应有的效果。代表大会后，在贸易政策方面，做了某些改变，“确定发展内部合作社，统制对外贸易的方针”。并在各县团结商人，组织贸易，并帮助发展群众性的合作社，促进内部物资流通。[1]本着

〔1〕 许子威:《一九四二年边区民主建设之回顾》。

“不伤民，不资敌”的原则，实行物资统制，管理对外贸易。禁止和限制边区急需的棉、粮食、油等重要物资出境，但允许我们所需之食盐和他们所需的粮食，进行交换。对非必需的消费品入境则课以重税，对急需的重要物资入境则予以减税或免税。

边区政府为稳定物价，加强金融管理，针锋相对地和敌人展开了货币斗争。一九四一年创办边区建设银行，发行“边币”；禁止使用伪币，限制法币内流，使“边币”与大后方发行的关金券发生一定的联系，减轻法币贬值的影响。为使“边币”成为边区内部的本位币，边区建设银行采用“法币”兑换“边币”的办法，并发行“边币”五十万元（到一九四五年八月已发行一亿五千万元）。收税一律用“边币”，并在各重要地方设立货币兑换机构，凡从敌占区和国统区来边区购买棉花、粮食者，一律须将所持敌伪货币兑换成边币，然后持边币或货物交换证购买货物。这一政策的实行，抵制了敌伪币侵入，提高了“边币”价值，维护了法币的信用，减少了边区人民的损失，得到边区人民的拥护。

三、边区财政经济的巩固和健全阶段（1943年7月—1945年8月）

一九四三年是世界反法西斯战争取得胜利的一年。日寇为了摆脱失败的命运，不断地做困兽之斗；蒋介石为了抢夺胜利果实，也加紧执行“反共第一”的方针，边区环境比一九四二年更动荡，斗争也更为尖锐复杂。

为了战胜困难，准备迎接抗日战争的最后胜利，边区党委除了加强军事建设，粉碎敌、伪、顽的军事进攻外，十分注意根据地的建设。从各方面加强财政经济工作，使边区财政经济工作走上健康发展的道路。

一九四三年七月和八月，边区党委和行政公署联合召开财粮会议，各县财政科长，粮食局长及部分乡财政特派员参加了这次会议。会议对四年多来的财政经济工作进行了总结并着重指出财政工作的总任务“就是在物质上保证‘军事第一，胜利第一’的实现与完成”。会议特别强调建立和健全财经制度与消灭浪费是当前财政工作的中心任务。要求各县各乡在强化政权建设的同时，要大力加强县财政科、粮食局的建设，特别是乡保财政股的建设。财粮会议的召开，对加强各县财政工作起了极大的推动作用。

为了进一步加强物资统制，边区行署和物资总局颁布了《鄂豫边区物资总局公告》、《鄂豫边区商会同业公会暂行办法》和《入口特许证暂行办法》；为保证军需民食，促进内部物资交流，奖励大后方一般物资入境。特制定了《鄂豫边区合作社组织章程》、《鄂豫边区管理榨油业作坊暂行方法》、《关于各地物统分局今后签发内地运销通行证，后方入境免税征收的通知》；为了繁荣边区商业，保护生产，加强物资统制，健全税制，颁布了《鄂豫边区物资统制局关税税则》、《鄂豫边区物资统制局关税税率》及《关税征收办法》；为封锁敌人，制止物资的偷运，颁布了《鄂豫边区物资统制局缉私办法》；为奖励在税收工作中做出贡献和抚恤因公牺牲的关税人员，颁布了《鄂豫边区物资统制局奖惩办法》和《鄂豫边区物资统制局关税人员牺牲抚恤优待办法》等等。以上政策法令的制定，使边区财政制度进一步健全与完善。

一九四三年十月一日，中共中央政治局发出《开展根据地的减租、生产和拥政爱民运动》的党内指示，指出：“党委、政府和军队，必须于今年秋冬准备好明年在全根据地内实行自己动手、克服困难（除陕甘宁边区外，暂不提丰衣足食口号）的大规模生产运动，包括公私农业、工业、手工业、运输业、畜牧业和商业，而以农业为主体”。并要求“一切机关、学校、部队，必须于战争条件下厉行种菜、养猪、打柴、烧炭、发展手工业和部分种粮”。[1]根据中央指示，边区党政机关采取积极措施，大力加以贯彻。十一月十二日，李先念代表边区党委在第五师直属干部大会上作了《整风、生产、精兵简政的报告》。报告联系边区的实际，从“减轻群众负担”、“克服

〔1〕《毛泽东选集》，第866页。

财政困难”、“支援长期战争”、“保持我党我军艰苦作风”等方面，阐述了加强生产的必要性和重要性。报告充满信心地说：“我党我军是代表无产阶级劳苦大众的”、“我们能够创造出生产来克服困难”。会后边区党委立即成立了机关生产委员会，领导机关、学校、部队迅速掀起了生产自给的热潮。

为了广泛宣传和贯彻中央《十·一》指示，边区党委又分别召开了财政会议和宣传会议。吴祖贻代表边区党委在宣传工作会议上作了《关于如何领导老百姓生产的问题》的报告。报告除了论述领导“老百姓生产，对我们边区的特出的巨大的实际意义”外，特别强调指出“切实领导老百姓生产，是今后长期坚持敌后战争和巩固根据地的一个关键”。提出“今后生产的基本方针，是迅速有效地普遍提高人民劳动的热忱，组织根据地的男女老幼，都参加生产，亲自动手，克服困难”。报告从边区的实际情况和广大人民的需要出发，提出了多收粮食、多兴副业、运销土货、运输食盐、调剂食粮等具体措施。

为了加强对边区的领导，一九四三年十一月底，党中央派郑位三党代表来边区领导工作。随即边区党委作出了巩固边区，“组织人民大多数”的决定。组织人民大多数是为了团结一切抗日力量，其重点是组织和发动广大农民群众。在党中央和边区党委的正确领导下，一九四三年底至一九四四年春，边区再次掀起了春耕生产的高潮。

一九四四年一月，鄂豫边区党委发出《关于拥政爱民和拥军优抗月的决定》，确定以二月份为边区拥政爱民和拥军优抗月。在春耕生产期间，部队利用战斗训练的间隙，帮助群众兴修水利，割麦插秧，修补房屋。到了秋收季节，五师司令部又命令全师指战员在秋收期间停止派用民夫，切实帮助人民收割粮食，实行武装保卫秋收，防止敌伪抢粮。边区农救会，妇救会，广泛发动群众，给军队做军鞋，交公粮，为抗属代耕。有的地区发起“一把米”运动，将节约下来的粮食慰问部队。战斗期间，妇女给前方烧茶送饭，护理伤员；男子为部队输送武器弹药，抬伤病员。拥政爱民与拥军优抗运动的开展，进一步密切了军政、军民关系，加强了军民团结，推动了春耕生产运

动的开展，巩固了根据地。

一九四四年，由于敌、伪、顽的进攻，使边区生产运动的发展受到影响，田赋税收减少，贸易入超，财政赤字加大，财政经济发生新的困难。

党中央及中原局对五师和边区的困难十分关注，除了临时拨款解决部队急需之外，曾多次电示边区党委，指出解决财政困难的基本方法是“开源节流”。在开源方面，“主要是组织机关部队进行生产，即自己动手，克服困难”，“其次是适当地进行对外贸易，组织公营企业，亦可增加一些收入”；在节流方面，“则需彻底进行精兵简政”，“进行节约”。为了解决部队给养，中央还指示，可将中心区的兵力和机关学校移到粮食富饶地区“就粮”。对于受灾地区，中央提出“坚决实行生产自救的基本方针”〔1〕，动员一切男女老幼参加生产劳动。

根据中央指示，边区党委集中力量，采取措施，解决边区财政困难。首先，进一步抓好春耕生产运动，大搞水利建设，在襄河南北大规模兴修堤垸，襄南军分区完成了金家拐、马颈项两大堤工程。保障了襄（阳）、江（陵）、潜（江）监（利）、沔（阳）等县农民的生活和生产，受益田有一百万亩。“极大地刺激与提高了农民春耕生产情绪”。〔2〕为了解决群众生产困难，行政公署发放春耕贷款三千万元（法币）及谷种百石。在政府的倡议下，各县群众组织“换工队”，互相帮助，共渡难关。

这一年，机关部队的生产自给也取得可喜成绩，做到蔬菜自给，襄河地区做到每人种地一亩至二亩。精兵简政的工作也在顺利进行。边区党政军脱产人员计八万人，经精简后只有四万人。精简下来的人员，年龄大的复员回家，年轻的充实到生产第一线。精简机构的结果，既加强了生产建设，减少了财政开支，也提高了工作效率。

经过边区军民的艰苦奋战，到一九四五年八月我边区的财政收入取得了较好的成绩，田赋公粮已占总收入的百分之七十，关税占百

〔1〕 1944年8月12日中央对鄂豫皖克服财政困难救济灾荒的指示。

〔2〕 李（先念）、任（质斌）、陈（少敏）给中央办公厅电。

分之二十五，地方税占百分之五。边区的财政工作开始真正建立在发展经济的基础上。

鄂豫边区财政经济建设所取得的成就，对保证部队供给，巩固抗日根据地，支援长期抗战发挥了巨大的作用。

第二章 财　　政

第一节　豫鄂边区财政收入

一、鄂豫边区财政收入简况

边区财政收入主要是依靠税收。税收从根本上讲，是一种分配的关系。它是凭借政治权力参与国民收入的再分配的一种形式。各级税务组织征税以后，税款就成为这个政权机构的财政收入，不再直接归还纳税人。列宁说："所谓赋税，就是国家不付任何报酬而向居民取得东西。"[1]因此，它同财政收入的其他方式相比，具有强制性、无偿性、固定性等基本特征。

由于国家政权性质的不同，因而税收的性质亦完全不同。马克思在谈到剥削阶级国家税收时说过，赋税是官僚、军队、教士和宫廷的生活源泉，一句话，它是整个国家政权的生活源泉。在资本主义国家里，税收是维护资产阶级国家机器的财政来源，是为资产阶级利益服务的。

鄂豫边区的税收，在性质上和一切剥削阶级政权的税收是根本

〔1〕《列宁全集》，第32卷，人民出版社1958年版，第275页。

不同的。它是"取之于民，用之于民"的。正像马克思说的，从一个处于私人地位的生产者身上扣除一切，又会直接或间接地用来为处于社会成员地位的这个生产者谋利益。鄂豫边区人民政权的税收，无论用于军费、行政费、或是文教卫生事业费，优抗和社会救济，以及支援工农业生产等，都是为了国家独立、民族解放，为了争取抗日战争的胜利。它既符合人民的当前利益，又符合人民的长远利益。

边区财政税收包括农业税、关税、地方税。据现已查到的当时部分文字记载，鄂豫边区的赋税收入：一九四一年，田赋为一百二十万元，救国公粮为十八万石，关税为二百四十万元；一九四二年，田赋公粮为二十万石，占总收入的百分之七十，关税收入为二千七百万元，占总收入的百分之二十五，地方税收入为五百四十万元，占总收入的百分之五；一九四三年，田赋公粮为五十万石，关税约一亿九千万元；一九四四年，田赋公粮共征收六十五万石，关税为二亿五千万元，地方税为九千万元。它说明随着根据地范围的逐渐发展壮大，税收也逐年增加。

二、农业税

农业税是同土地和农业经济紧密联系的一种税收。国民党统治时期，横征暴敛，农业税的征收，不仅名目繁多，而且相当混乱，人民不堪其苦。边区政府成立以后，特别注意减轻人民的负担，废除苛捐杂税，在农业税方面只收田赋公粮，实行累进税，使负担公平合理。"自从田赋公粮开征以后，就把田赋、抗日月捐和迹近苛杂的一切临时摊派，全部取消，……不仅真正执行了合理负担的原则，减轻了人民的负担，而且增加了政府的收入，减少了月月征收的麻烦及种种舞弊的机会。"[1]为了保证农业税征收工作的顺利进行，边区政府采取了很多有效措施。

〔1〕 吴祖贻：《目前边区土地登记工作中的主要问题》，1942 年 8 月。

（一）举办土地登记，整顿田赋公粮

抗战以前，地权极为混乱，在田赋征收工作中，因多年积弊，普遍存在着有田无粮和有粮无田的现象，使强者巧取，弱者吃亏。边区各县失陷后，田亩征册、券票大部遗失，致使混乱情形更为严重，给农业税的合理征收带来很大困难。为了解决这一矛盾，必须对公粮田赋加以整顿。而搞好土地登记，又是整顿公粮田赋的先决条件。为此，一九四二年在边区第一届抗日人民代表大会上讨论和通过的《鄂豫边区施政纲领》中第十七条明确规定"举办土地登记"。通过丈量田亩，进行土地登记，使按税率应纳的田赋公粮与土地实际数量相符。这样做不仅可以保证负担公平合理，而且使农业税收能建立在可靠的基础上。

为了保证土地登记工作顺利进行，边区党委首先抓紧政治思想动员工作，指示各级组织配合政府机关及当地驻军，挨家挨户进行思想发动，以启发人民群众的自觉性。其次，进行调查研究，"凡已登记而不完全的，立即为对不全的项目举行复查，补报清楚。对破坏登记或组织瞒田的顽固分子，择其要者予以法律制裁，惩一而儆百"。最后，在调查研究的基础上，照行署规定的格式，分类进行登记，说明田亩的地名和亩数，以便对照复查；佃田项下，必须注明租额，以供减租参考；还必须折合成亩，亩必须折合成统一的标准数，即每亩为 60 平方丈。

登记土地，整顿田赋公粮的工作，由于情况各异，发展也极不平衡。在登记土地时，中农与贫农一般能如实报登，少数地主有瞒田虚报的现象。开明士绅比较实事求是，如黄冈张伯翔，当佃户询问报田问题时，当即回答："有多少，报多少，免得麻烦"。[1]顽固地主则需经过适当的斗争，方能就范。有一顽固地主暗中嘱咐佃户少报田亩，企图将二十六亩报为二十二亩。佃户对他进行了巧妙的斗争，对他说："少报可以，倘若政府查办，由你负责；如果查不出漏田，则

---

〔1〕 颜浩凤：《我们怎样在黄冈××乡进行征收上忙工作的》，1942 年 6 月 30 日。

我们按所报田亩数交租”。顽固地主因无利可图，只得如实呈报了田亩数[1]。从地区来讲，发展也不平衡。以黄冈县工作开展较为顺利为例，由于他们注意了放手发动群众，开展了对开明士绅的统一战线工作，在政策上掌握了宽严结合的原则，因而成绩显著，纠正了一百个左右的花户，增加了四分之一的收入。[2]

（二）实行累进税则税率

累进税是按财产等级及所得多寡为标准的统一累进税则，即收入越高则纳税的税率亦越高。

一九四二年三月，边区人民代表大会决定田赋公粮征收实物，实行累进税。“其征实办法，将田分为上、中、下三等。每亩田每年实收粮食三石以上者为上等田；每亩实收粮一石者为中等田；每亩实收粮一石以下者为下等田。田赋由业主负担，上等田每亩收谷八升，中等田每亩收谷六升，下等田每亩收谷三升。公粮亦按田地好坏，分上、中、下三等征收，地主与佃户负担各半，征收总量亦与田赋同”。田赋公粮严格按照纳税人财产等级和所得多寡为标准，施行累进税则、税率。土地越多，田赋公粮的税率相应的也越高。为了照顾各方面的负担能力，税率的增长也不是无限制的，一般说来地主最高负担不得超过其收入的百分之三十五，富农不得超过百分之二十，中农不得超过百分之十二，贫农不得超过百分之八。其免征点之规定，根据各地具体情况而定，但不能随意扩大，应符合《施政纲领》所规定的“负担捐税者占全体人口百分之八十以上”的原则。因各地具体情况不同，因而在具体实行时亦有所不同。黄安等县将田分为上、中、下三等，实行累进税率。安陆县将田地分为三等九则，按等则征税。即上等田分上、中、下三级，每亩征收谷物一斗上下；中等田分上、中、下三则，每亩征收谷物六升上下；下等田分上、中、下三则，每亩征收谷物三升上下。黄冈县将田分为特上、上、中、下、特下五等。按不同等级收田赋，特上田每亩征一斗二升（约占其收

〔1〕〔2〕 颜浩凤：《我们怎样在黄冈××乡进行征收上忙工作的》，1942年6月30日。

入的百分之十五)；上等田每亩征九升（约占其收入的百分之十二)；中等田每亩征 6 升（约占其收入的百分之八)；下等田每亩征三升（约占其收入的百分之五)；特下等田酌情少征或不征。公粮亦按累进税率比例征收；各户缴纳公粮在三石以下者不收累进税；三石以上者按累进税率比例征收。累进税最多不能超过百分之五十。由于边区党委从实际出发，采取了一系列减轻人民负担的措施，从而保证了边区人民得以休养生息。

（三）农业税的优待和减免

由于边区根据地处于敌、伪、顽分割的状态，土地肥瘦不一，因此农业税的具体征收制度，起征点或免征额的高低、范围，也不可能完全一致。农业税的计征，以农业收入为基础，农业收入的计算，以各地常年产量为标准。坚持“增产不增收”的原则，以利于调动农民的生产积极性，更好的支援抗战。

边区政府奖励开荒，规定生荒三年不纳粮，熟荒一年不纳粮。在政府鼓励下，基本区的群众开垦荒地的热忱逐渐提高，特别是大悟山地区，自一九四二年起，在边区党政军领导带头开荒的影响下，广大群众起而响应，把能够开垦的荒地都种上了花生、芝麻、豆子以及蔬菜等，因而获得了丰收。在奖励生产的同时，边区政府从实际出发，对因遭受自然灾害而歉收的，按照歉收程度，酌情减免农业税。当时规定：“灾区的税收，如收成仅达平常年份的百分之五十，则免征”。它体现了边区人民政府对人民的照顾和关怀。

边区政府不仅实行灾歉减免，而且坚持社会减免，即对贫苦抗日战士的家属、革命烈士的家属、在乡革命残废军人、因缺乏劳动力或其他原因纳税有困难的，根据实际情况，给予适当的减税或免征的照顾；对五亩以下的抗属实行免征。

（四）农业税征收办法

有了好的政策，还必须有一套贯彻政策的办法。农业税收同其他各种税收比较，有其本身的特点，它具有鲜明的季节性、群众性、灵

活性和复杂性。农业税的征收，以征收粮食为主，只能在农作物收获以后突击进行，时间短、工作量大。科学的工作方法是保证农业税征收任务完成的关键。为此，鄂豫边区党委于一九四二年八月下达了《关于积极准备征收下忙公粮的指示》和发表了《下忙征收声中的急征缓征和粮食问题》的文章，明确规定了农业税征收的办法：(1) 必须加强党对这一工作的领导，地、县委领导和党的主要干部要亲临第一线，参加和领导这一工作，充实征收队伍，抽调党政机关干部在开征期间参加征收工作。(2) 做好思想动员工作和宣传工作，用生动具体的事例，宣传累进税制的公平合理性，以便动员群众踊跃交纳。(3) 分步骤进行，按照先远后近，先难后易，先危险后安全，先易治区后难到区的原则分为急征区与缓征区，把全部力量集中到急征区，以突击方式进行征收，先将这些地区圆满解决，其余地区自然迎刃而解。这样做还可以达到分期分区保存和使用粮食的目的。(4) 粮食的折算应一律按樊斗秤为标准，严禁斗秤不一，大进小出，破坏群众利益的做法。农业税的计算方法是：课税土地面积（亩数）×每亩常年产量×（税率－减免税额）＝应征税额。(5) 在管理体制上，粮食管理系统必须独立，领导必须集中统一。县政府有征收粮食的责任，但无分配粮食的权力。所收粮食或折合的款数领导都统一到粮食总局来，以便于集中管理，统筹安排。(6) 严格执行党的政策，严禁在征收工作中随便打人捆人；土地等级的划分，荒田的减免，都必须着眼于党的发展农业生产使农民致富的原则；反对不顾人民疾苦的做法。

由于正确执行了征收农业税的有关政策，使农业税的征收工作取得了很大成绩；(1) 较好地完成了征税任务。一九四三年礼南县共有田八万亩，每亩平均征二十四斤谷，一年共征收一万九千二百石；孝感、黄陂、黄冈等县每年约征公粮六万石；云梦七个乡，共征六万余石；襄河沿岸各县，盛产米粮，交纳公粮则更多。一九四四年全边区“实收田赋公粮六十五万石”，从而解决了“六万人吃饭的问题”。[1] (2) 提高了广大人民的政治觉悟，掀起了踊跃交纳田赋公粮

[1] 郑位三：《给中央并华中局的报告》，1945 年 3 月。

的热潮。天汉的农民在征粮运动中，纷纷踊跃交粮。他们不仅按定额交纳，有的每亩多交两升，最多的达到五升。而且还说："多出几升是为了救国家，新四军在这里国泰民安。"[1]礼南也涌现出了不少交粮模范乡和模范个人，促进了征粮工作的顺利开展，礼南第一乡十保有一百多农户，在三个钟头内就交齐了应交的数目。五保是小保，在一个钟头内便交完了。

边区人民踊跃交粮，是建立在高度政治觉悟基础之上的。有一首《交粮歌》充分反映了边区人民的爱国热情。歌词是：

(1) 农友们细听我来提，礼南第一乡，交粮的好榜样，交得快来交得齐，交的全是干净米，你看刮气不刮气，唉呀嗨！

(2) 新四军我们亲兄弟，日到晚来晚到夜，到前方去杀敌人，为了大家的生存，不顾死和生，帮助人民挺认真，唉呀嗨！

(3) 新四军为老百姓，又打仗来又生产，减轻人民的负担，月捐杂税都不要，只收田赋粮，大家交清是应当，唉呀嗨！

(4) 大后方苛捐多如毛，不管你是穷和富，卖儿卖女也要交粮，明的购粮暗的抢，老百姓遭了殃，官兵都成了活阎王，唉呀嗨！

(5) 敌占区名堂多得很，人头捐，寡妇税，算也算不清，人民生活真痛苦，牛马还不如，看了真是几伤心，唉呀嗨！

(6) 我们的生活几安全，日出作，日落息，有吃又有喝，整米碾米去掉糠，做个好模范，登报受表扬多漂亮，唉呀嗨！[2]

三、关　税

一个国家根据自己的对外贸易政策，对外国商品入境和本国商品出口课以税收叫关税。鄂豫边区的关税，是指对过往边区境界的行商所征收的过境货物税，即出入境税。当时其所以称关税，是因为鄂豫边区与敌占区属于根本不同的性质，敌占区虽属我国土地。但已由

[1] 曹荣："天汉减租已经结束，普遍开展征粮运动"，《农民报》1944 年 10 月 21 日。
[2] 张毅："交粮歌"，《农救报》1944 年 4 月。

敌伪统治，实际上是国中之国，故称关税。关税占边区财政收入的四分之一，除农业税外，是边区最大的财政收入。与华北、陕北等根据地相比，是一个很大的特点。究其原因，主要是这块根据地处于“九省通衢”的武汉外围，商业比较发达。

（一）关税税则和税率

一九四三年四月，鄂豫边区物资统制局制定了统一的《关税税则》、《关税税率》等条例，使边区关税工作逐渐走上了统一而健全的轨道。

《关税税则》的主要内容如下：(1) 以反对敌人掠夺，繁荣边区商业，保护生产，加强物资统制为基本方针。(2) 根据对外统制，对内交流的原则，实行合理的出入境税制，减轻商人负担，增进商品流通。(3) 后方物资通过我区出境与边区物资出境视为出境货，只征一次出境税；敌货输入边区及通过边区到后方者同视为入境货，只征一次入境税。(4) 优待抗属、灾民，其贩运商品（仅限于日用品及消费品）资本在法币五百元以下者免税。(5) 凡婚丧赠送及自用物品而非贩卖有证明者不征税。(6) 估价以起运地点之市价为标准，计量以当地之度量衡为标准。

根据《税则》制定税率。税率的制定必须有利于“加强物资统制，提高农产品价格”，“保障中小商人及正当商业者之利益”。根据抗战及民生的需要，将税率分为五级。税率最低额为百分之二，最高额为百分之三十。入境方面，必需的工农业产品（如粮食、食盐、五金电料、机器等三十多种物资）、奖购物资和专营物资免抽入境税。人民生产、生活常用品收百分之二至百分之十的税，如红糖、白糖、肥皂、西药、毛巾等；非必需品收百分之十五的税，如人参、银耳、钟表、呢绒、香肥皂等；烟、酒等消费品收百分之二十的税；迷信品税率一般为百分之二十，有时提高到百分之三十。严禁鸦片、毒品、赌具、敌伪书报宣传品、淫秽书籍、画片等入境。

出境方面，为鼓励土特产品（如土布、黄花、木耳、茯苓、水果等）出境，只收百分之二至百分之五的税。粮、棉、油等系边区统制物资，允许有组织有计划的出境，但课以百分之十五至百分之二十的重税。如运往友区，即国民党占领区，收百分之十的税。耕牛、金、银、铜、猪鬃、硫磺、硝等物品严禁出境，违反者罚款或没收其物资。

上述税率，税务总局可视各地不同环境和对敌斗争的需要，临时给予调整。但须事先呈报行政公署核准。

各地在征收关税的过程中，始终贯穿着区别对待的原则，即入境的生活必需品征税较轻，消费品征税较重；入境货物征税较轻，出境货物征税较重，从而保证了边区的财政收入，满足了边区人民的需要。

（二）关税征收办法

有了税则、税率，还必须有一套行之有效的办法。鄂豫边区物资统制局在制定税率的同时，还制定了《关税征收办法》。其具体做法是：（1）出入境税之征收由边区物资统制局所属的各级关税机构施行之，其他团体或个人不得设卡收税。所收税款，逐级上交，最后由总局交边区行署财政处，实行统收统支。（2）凡实物出入境之征税事宜悉依行政公署颁布之税则、税率征收之。当时税务干部均携有《物资统税手册》，按《手册》规定的税率征税。商人照章纳税后，税务人员必须发给行商纳税凭单，并在凭单上签名盖章，以示负责。凡取得凭单的商品，在边区境内不再另行收税。（3）由于边区处于敌、伪、顽夹击，敌友我“三角斗争”异常尖锐复杂的地带，征税必须以武装作后盾，紧密依靠人民保护才能进行。其具体办法：是在水陆交通要道上，设立固定或流动的税卡，税收人员携带武器，在卡上收税，在要害地点还派手枪队进行掩护，以防敌人袭击。对我方难以设卡的地段，如襄河沿岸的集镇多属敌人据点，又是棉花集散地，棉花沿河运往武汉时，常有敌汽艇上下游弋掩蔽，无法收税，我方就派遣税警武装袭击棉花货船，迫使就范，把税金加在花价上。

（三）堵塞漏洞，严格奖惩制度

为了保证征收关税工作的顺利进行，还必须堵塞漏洞，严格惩奖制度。为此，边区政府采取了以下措施：

第一，严肃处理偷税走私物品。

一九四三年四月，边区物资统制局颁布的《缉私办法》明确规定："凡有下列事实之一者皆得认为私货：（1）经明令封锁出入境之物品；（2）未领出境特许证自由运输物统局公告统制之物资者；（3）隐匿伪装之物品；（4）逾过必经之关卡未经纳税之物品。"均在缉获之列。

边区政府号召，缉获偷税的物品，为边区党政群共同之任务。除由税收机关组织缉私队、缉私小组负责这一工作外，还鼓励边区群众，协助政府缉私。规定群众密报，缉得私货，以罚金十分之二提奖。根据地边沿地区的"农救"组织、民兵、"十人团"均积极响应政府号召，站岗放哨，配合党、政、军事人员缉拿偷税物品，查获了一批又一批的走私犯，并做了罚款处理。为避免偏差和混乱，边区政府又规定：凡因缉私应予没收之物品，须经税务分局局长一级核准；罚款需经税务所所长一级核准。商人如认为没收或罚款不当时，可在七日内向没收机关申述理由，当酌情予以妥善处理。

没收违禁、统制的物品，偷漏税之罚款，均须交当地关卡，但个人可以从中提奖，以资鼓励。

第二，实行奖惩制度。

鄂豫边区关税人员身处根据地前哨，与敌、伪、顽斗争非常尖锐。这支有着千余人的税务干部、税警人员、提款手枪队，绝大多数表现英勇顽强。但亦有极少数人收受贿赂、营私舞弊的。为了严明赏罚，以利工作，边区政府于一九四三年四月，颁布了《奖惩办法》。

奖励分五项：晋级、传令嘉奖、记功、颁发奖状、物质鼓励。凡打击敌伪奸细活动，破获敌伪物资运输，争取与团结敌占区商人有功，开辟财源增加收入者，均得晋级或给奖励；拒绝贿赂，认真贯彻税则、税率，廉洁奉公无舞弊行为，揭发贪污帮助他人进步者，均给予记功或物资鼓励。

惩处分为记过、禁闭、降级、撤职直至处以极刑。对于挪用公款经营商业、生活腐化、营私舞弊、打骂商人破坏政策者，均给予撤职或降职处分；对于工作屡犯错误，徇情受贿者给予记过或关三个月以内禁闭；对于一次舞弊五百元以上，或数次舞弊累计达八百元以上，或挪用公款二千元以上者，除追还赃款外，并处以极刑。

边区所施行的赏罚分明的奖惩制度，有助于培养税务干部廉洁奉公的高尚品德。

第三，抚恤牺牲烈士。

税收人员与地方干部处境有所不同，他们是在交通要道，公开收税，易受敌人袭击，生命安全无保障。税收干部牺牲人数按比例计算较其他干部为多。他们中有不少人，由于忠于职守而惨死在敌人屠刀下。新洲一税务干部被敌人捉去，敌人用烧红的铁棒捅进他的肛门而惨遭杀害。据不完全统计，为征收关税而牺牲的税务人员达六十余人。

为表彰他们可歌可泣的英勇行为，边区政府对于因收税而牺牲的烈士，予以优厚抚恤。在《关税人员牺牲抚恤优待办法》中规定：凡关税人员因公牺牲者，分局一级抚恤一千元，安葬费五百元；所一级抚恤八百元，安葬费三百元。如牺牲人员在生前对税务有重大贡献者，除领抚恤金外，并发给原津贴费一年或两年交其家属使用。税务烈士的贫苦家属，可享受其他抗日烈士家属同等的优待，如贷款、代耕、免税、荣誉。烈士子弟入边区公立学校上学，免收一切费用。每年“七·七”纪念日，开追悼会，以资纪念。

四、地方税

边区地方税，属于县一级财政收入。

征收的税款，原则上归各县，由县抗日民主政府财政部门“统筹统支”，供地方的行政、文教、军事（县区武装）、卫生、工农业、社会救济等方面的开支。

地方税税源分散，收入零星，涉及面广，政策性强。这是因为敌人虽占领边区各县县城、大的交通要道以及重要城镇，但是边区大的集镇仍为我军政人员活动地区，可以固定或不固定的进行征税。

地方税在遵守边区行署规定的税则、税率等大的原则下，各县可以从实际出发，有较大的机动权限，以充分发挥地方的积极性。

地方税收入主要有营业税、屠宰税、烟酒税、契税。各县由于具体情况不同，在税目、税率、减免税、纳税环节等方面亦有所不同。湖泊地区有收湖税、渔业税的。有些县还收公产、学田、逆产税。

（一）营业税

营业税，又称“座商税”，是针对“出入口税”而言的。它是一切从事工商业、服务性行业的单位和个人，按其收入依照规定所交纳的赋税。

根据合理负担的原则，盈利多者多负担，盈利少者少负担，小商小贩每年所得仅够维持生活者不负担。工业一般轻于商业，其中制造生产工具与人民生活必需品的工业轻于制造消费品的工业；经营生产工具与人民生活必需品的商业，轻于经营奢侈品、迷信品的商业。对于边区急需的工商业，还实行减税免税。如经营食盐，可免税或少收税，以粉碎敌伪对食盐的垄断和封锁，满足人民的生活需要。摆摊设点，只收营业执照税。营业执照一年或半年换一次。

营业税的征收办法：在基本区首先对商人进行宣传，讲解收税的重大意义和政策，启发商人交税的自觉性。然后由工商业者申报营业数额，经商会或小组评议，确定应纳税额。税务机构的征收员，按税率给予审查、核实、征收。在游击区收税比较困难，或依靠武装组织突击某集镇，对座商征税；或通过统一战线，找商会代表人物、开明士绅商谈，动员他们向我方主动交税。

（二）屠宰税

屠宰税是对屠宰猪、羊、耕牛等牲畜的单位或个人所征的税。自养自食的牲畜免税。在春节期间，对农民屠杀自养的猪、羊一般不收税。

屠宰税的税率计有三种：一是比例税率，按牲畜屠宰后的实际重量以价计征，按百分比抽税，不累进。二是累进税率，即按牲畜屠宰数量的增加而递增税率。这种税率虽甚合理，但较麻烦，不易执行。三是定额税率，即按牲畜头数，不计实际重量，平均收税。不少地方规定，每杀一头猪，收税一元，或以一定数量的猪肉折价计征。如安陆，每宰猪一头交三斤肉的折款计征。这种办法简单明了，便于征税。因此，为边区不少税收机构所采用。

屠宰税征收办法，一般由基层税务机构直接征收，亦有委托商会代征者。漏税者处以罚款。屠宰税的收入，在各县地方税收之中，仅次于营业税。

（三）烟、酒税

烟、酒系消费品，课以百分之五十的高税。出境外销者税率达百分之百。对于薯类、饲料粮等杂酒不收税或收轻税。卷烟则按烟分级，按级征税，税率为百分之二十至百分之五十。零售卷烟按“商业零售”百分之五左右的税率征税。

（四）契税

契税（即契约税）是对典、买田宅从价征收的捐税。它起源于东晋，后来为不少朝代所沿用。国民党政府统治时期，此税率常有变动，买契高达百分之十五，典契达百分之十。正税外又有附加，越期匿报，给予处罚。

边区政府成立后不少县征收契税，是按田地价抽税，由买主交纳，税率百分之十。为使契税公平合理，不受币值涨落的影响，征收契税时以当时的货币的账买力作根据。将契价折成谷数，再按田契成交时谷价折合成边币。

自契约成立之日起，六个月内为报税期，逾期者除收原税外，应增加滞纳罚金。超过报期二年以上者，以偷税论，除收原税外，并增收偷税罚金，罚金为原税的一倍或一倍以上。

五、其他收入

边区财政收入除农业税、关税、地方税三大项目外，尚有其他收入，但为数不大。

（一）没收汉奸财产

根据地初创时，曾靠打仇货、捉汉奸罚款等办法来供给军政人员的给养。边区政府正式建立后，为了扩大教育面，缩小打击面，以利于团结一切可以团结的人，共同抗日，曾明文规定：除了罪大恶极，甘心附敌者，其本人的财产应予没收外，对一般胁从或为生计所迫从敌者，只要愿意改悔，应保护其财产，不得有所侵犯。

根据这一政策，我们对于证据确凿、民愤很大的伪军政人员，经过说服教育仍然无效者，择其首恶，除政治上给予坚决打击外，经济上也予以适当制裁。一九四五年伪军副师长郑辅汉暗中扣压商人交纳给新四军五师的捐税。天汉负责人彭怀堂率领武装深入虎穴，逮捕了郑辅汉，并罚款四千元，经教育后释放。日伪区长曹焕章，敲诈勒索，鱼肉乡民，群众恨之入骨。经我方捕捉，逼令他交银洋一万元，并保证立功赎罪后，才予以遣释。随县汉奸胡海被捕后，缴纳黄金三块。

（二）作战中缴获敌伪物资

作战中缴获的敌伪物资，也是边区财政收入之一。

“一九四一年的对敌作战中，曾缴获长枪三百四十一支，轻机枪七挺，重机枪一挺，子弹八万九千多发，战马一百三十九匹及其他军用物品。”[1]又据一九三九年至一九四二年四年的不完全统计，在对敌、伪、顽、匪的战斗中，计缴获日钞七万元、法币八万四千元，以及麦、米、黄豆、食盐二千多斤等等。

---

〔1〕 刘少卿：“胜利的回顾，兴奋的展望”，《七七月刊》1941 年第 6 期。

作战中缴获的物资，都上交五师供给部，列为正式收入。

（三）人民群众的捐献和兄弟部队的支援

边区自征收农业税和工商税后，一般不再要群众捐献。但到一九四四年由于敌伪掠夺的加剧，顽军的破坏，加之严重的自然灾害，造成五师给养极为困难的局面。一九四四年全边区财政赤字达三亿元，其中边区和边区以下各级的赤字各占一亿五千万元。

在这困难情况下，广大人民群众为了战争的胜利，他们共赴国难，有时宁可自己忍饥挨冻，也得让抗日部队吃饱穿暖。一些开明士绅、商人、富户亦自愿捐出钱粮，支持抗日。据一九四四年五月十六日《七·七报》载：云梦“总计全县共献金五十万元，另黄金一万元。”他们说：“与其被日本强盗抢走，毋宁献给为保卫家乡而奋斗的抗日军队。”安陆、云梦等县军民同甘共苦，曾开展“一瓢粥，一把米”运动。一日两餐或一日一餐，部队每人每餐节约一瓢粥，以减轻群众负担；而群众每人每餐节约一把米，三天集中一次送给部队。

第二节　鄂豫边区财政支出

一、财政支出简况

边区行政公署的财政支出，是在坚持统筹兼顾，全面安排，分清主次，合理布局的原则下，将所有收入有计划按比例地进行分配。在战争环境下，既要重点保证军费的开支，又要照顾其他方面的支出，处理好“发展经济，保障供给”的关系。在发展生产的基础上不断提高边区人民的物质文化生活水平。

边区主要财政支出，是保障部队的供给。一九四二年边区党委向

中央汇报时称："军费开支占边区总支出的百分之八十"。可见军费支出占首要地位。一九四〇年八月，边区财经会议决定：地方机关干部伙食标准比主力部队应少百分之二十；地方部队的津贴比五师指战人员应少百分之二十五；地方机关干部与地方部队供给标准相同；各级党委会干部比部队指挥人员供应标准少百分之十五。这个决定除新区、游击区外，已在基本区实行。

除此之外，边区财政收入用于行政开支、投资生产、救灾、优抗等方面，据一九四一年《七七月刊》第四期记载："两年来的不完全统计，边区政府发给灾户救济费一百五十万元，发给优抗金六十一万余元，投资办运输、消费、成衣、抗属合作社五百一十三万元。又据一九四〇年十一月汉川县行政委员会第一次政务扩大会议记录载：全县七至十月共支出三百三十四万五元，其中自卫费（地方军事费）占总支出的百分之四十九；县政费，包括行委会职员津贴费、办公费等，占百分之二十四；船委会费，包括船舶管理委员会职员津贴及船夫伙食，占百分之八点九；乡政费，即乡人民政府开支，占百分之四点五；教育费，兴办学校等支出，占百分之四；经征费，包括征收田赋公粮办公用具，人员补贴费开支占百分之四；营业支出，向天汉合作社投资股金，占百分之四；参议会费，包括参议员津贴和会议招待费，占百分之一点五；财委会费，占百分之零点五。从以上比例关系分析，说明在县一级财政中也是以军费开支为最多。这是战争环境下财政支出的特征。

二、军事费

抗日战争时期，党的一切政策，都是为了战胜日本帝国主义，保证抗日战争的胜利。因此，必须坚持一切为了抗战，一切服从抗战的最高原则。财政的开支，更是为抗日战争服务的，首先要保证军费的开支。

军费开支首先是军事人员的生活供给，其次是武器弹药和伤病员医疗的开支，再次是创办军事学校，培养一批既敢于斗争，又善于作战的军事人才。最后还有办公费、抚恤费等等方面的支出。

边区部队是随着斗争的发展而逐渐壮大的。一九四一年有正规军一万二千六百人，军分区部队及警备部队七千人，县区乡部队七百人，合计二万零三百人。一九四二年十一月十八日，边区向中央书记处并华中局的报告称：“有正规军与地方军共二万七千一百人，县区乡地方军七千人，五师一万二千六百人，各军分区机关部队七千人（内有警备部队半正规性部队）。到抗战胜利时，正规部队发展到五万余人，地方武装达三十万人。如何解决部队的供给，一直是一个非常艰巨而迫切的问题。但由于边区党委的重视，财经干部的努力，人民群众的支持，基本上可做到每人每天供给一斤半米、三钱油、二钱盐、一斤菜。每月一元五角的津贴费，有钱时就发，钱不足时少发，无钱时不发。粮食不够时，以稀饭野菜充饥。每人每年两套单衣，两件衬衣、一套棉衣、一副绑腿。不论冬夏，每人只有一条卧单、一床夹被。在这种艰苦情况下，全体指战人员，都充满了革命乐观主义精神，英勇作战，忘我工作。

我军所用武器弹药军需品，虽然主要是来自在对敌、伪、顽、匪战斗中缴获的战利品，但数量有限，仍不能满足我军装备的需要。因此，还需投资自办兵工厂、修械所、皮革厂、炮弹厂、电池厂、印刷厂等，制造手榴弹、地雷、刺刀、信号弹和生产被服、鞋袜等军需品，以保证部队的需要。

五师师部和军分区还设有医院。一九四五年春，各县医疗站、所亦相继成立。全边区医务工作者有三千余人，先后治疗伤员二万五千余人，病号三万六千人，所需医疗费亦属可观。

三、行政费

行政支出包括边区行政公署及所属机构的干部生活费、业务费、干部训练费和其他行政费。

随着根据地的发展壮大，边区脱产干部亦逐渐增加。据一九四二年统计，边区行署至乡保行政人员达七千四百人，区党委和地委的党务干部约三千八百人。对这些人员实行供给制，每人每天一斤半米、一钱盐、二钱油、五分钱的菜钱。除此之外，还发给津贴费和必要的衣物用品，但数量略低于部队。有病的干部每月发给保健费。保健费分一、二、三等，根据病情轻重，每月可领取相当于九天半、七天半和五天半的伙食费。县团级以上干部和旅级以上干部每月供应三斤肉，还供应一定数量的纸烟。

行政业务费的支出，包括军政代表会和人民代表会以及参议会会议的开支和用于选举、统战、司法、民政、财政、政治宣传的经费。例如边区公安人员支出项目就有伙食、工作、办公、出差、医药、招待等六项费用。他们伙食标准与其他干部同，但考虑其流动性大的特点，出差伙食费补助较多，可以补增到原伙食标准的五分之一到五分之四。公安人员办公费中的灯油费开支，以灯计数，每灯十天，不得超过一斤烛。医药费可实报实销，但不准报八卦丹、万金油等药品。自己的工作人员不准报销招待费，而接待宾客最多每人每餐不得超过一斤肉钱。如有不合规定的开支，分别情况，给予批评、扣津贴，以及行政处分，采取逐级负责制，严格遵守财经纪律。

边区人民政府十分注意节约行政费开支，采取了一系列提高工作效率、精简机构、减少层次开支等措施，把有限的资金，用到军事斗争和生产建设上去。

四、文教事业费

武汉失守前后，边区的教育事业受到很大摧残。边区民主政权建立以后，为了培养各类人才，因陋就简，陆续开办了抗日中小学校。在干部教育方面，除了由边区党委直接领导的边区党校和新四军五师领导的抗大十分校外，由行署教育处领导的有洪山公学、行政干部学校、建国公学、师范学校、育才学校和各种专业训练班。

边区公办学校具有投资少，收效快，培养人才多的特点。在烽火漫天的边区，为了节省有限的资金，用于抗战，边区坚持了“勤俭办学”的原则，没有教室借用农民茅舍上课。有时以稻场、树荫下

为课堂。门板当黑板，墙上脱落下来的石灰块作粉笔，背包就是坐凳，膝盖当桌子。一九四三年育才学校开办时，校长和教师带领学生自己动手砌砖坯、砍茅草、和泥巴，修理向农民借用的校舍。学生半工半读，除学习文化、专业课外，还制粉笔、纺线、织袜子等，以增加收入，解决学校经费问题。抗大十分校学生，除学军事、政治课外，还开荒生产，养猪养鸡，上山挖野菜。洪山公学创办于一九四一年，曾先后办有行政班、银行班、财政班、税务班、教育班等，每期半年，为边区培养了一批专业干部。

五、支援工农业

工农业支出费是用以促进边区经济的发展。在生产发展的基础上，不断扩大财政收入的来源，改善人民生活。而农业是国民经济的基础，只有农业大发展才能保证人民吃穿用的需要，才能为工业提供原料和市场，才能增加农业税的收入。边区党委和政府十分重视农业的发展，采取一系列积极措施，在财政上予以大力支援。例如边区政府曾拨出三百万元“建设票”作为兴修水利的经费。一九四五年春，襄南金家拐和马颈项两大水利工程，民办公助，由行署在公粮项下补助稻谷三千石，解决了民工生活中部分需要。此外，边区政府和各基本县还投资办了一些工厂。

六、优抗、抚恤和社会救济费

一九四二年十二月，行政公署颁布《鄂豫边区优待抗日军人家属条例》规定：凡脱离生产参加抗战之军人家属居住本边区境内者，得依照条例享受优待。《条例》规定有以下情况之一者：（1）死亡无力埋葬者；（2）疾病无力治疗者；（3）因失业而劳力不能维持生活者；（4）子女无力抚养者；（5）遭受意外的灾害者；（6）子女无力婚嫁者；（7）妇女产后无力调养者，经查明属实，给予金钱物品之救济或予小本借贷或作其他妥善安置，而且还可以给予其他方面的

优待。县乡政府对优抗资金、物品，单独保管，不得移作他用，从而鼓舞了抗日军人的抗日积极性和抗日军人家属生产和支前的热情。

根据中央军委政治部颁布的《优待抚恤条例》结合五师具体情况，边区于一九四二年十月，制定了《修正优待抚恤条例》。《条例》规定了优抚的范围为本军光荣负伤或因伤而致残废的将士以及阵亡病故的指战员的家属。对抚恤金的数额也作了相应的规定，即关于残废金，特等残废每年除原有津贴外，再发给三十个月的津贴；一等残废每年除原有津贴外，再发给二十个月的津贴；二等残废每年除原有津贴外，再发给十五个月的津贴；三等残废每年除原有津贴外，再发给十个月的津贴；临时残废与三等残废同。关于负伤费，只发一次。头等十四个月津贴；二等八个月津贴；三等四个月津贴。排连营干部根据原来等级增加一半发给，团以上干部增加一倍发给。关于抚恤费，只发一次。头等发七年津贴；二等发四年津贴；三等发三年津贴；四等发一年津贴。

边区各级政府是人民的政府，十分关心人民的疾苦，即使在物力艰难的情况下，仍不断拨款拨物进行社会救济。据一九四四年二月十九日《解放日报》载：鄂豫边区行署拨款救济难胞，金额为五十万元。一九四五年春，行署又在财政经济极端困难的情况下，向边区发放救灾款一千万元、谷五百石。

边区财政支出始终坚持精打细算，厉行节约，量入为出的原则，有效地使用了人力、物力和财力。在毫无外援的极端的艰难情况下，做到了自筹自给，保证了部队和机关干部的供给，为夺取抗日战争胜利做出了贡献。

第三节　鄂豫边区财政管理

一、健全组织机构，充实与培养财经干部

当鄂豫边区根据地还在草创时期，各小块根据地和各独立的武

装力量未及统一以前，财政上是各自为政。各单位、各部队，自收自支，收支制度也不一致。一九四〇年以后，边区党委开始注意建立和健全财政经济机构，以加强对财政经济工作的领导。一九四〇年八月，鄂豫边区军政干部大会决定，在区党委下成立财政经济委员会，陈少敏兼财委书记，宋逸民、姜纪常等也参加领导这一工作。九月一日，区党委在京山八字门召开第一次军政代表大会，按照中央提出的“三三制”原则，选举并成立了“鄂豫边区军政联合办事处”，下设财政处。一九四一年四月成立边区行政公署，在行政公署颁布的《组织条例》中明确规定了财政处的管理事项如下：(1) 关于税务公款及公债事项；(2) 关于预算决算编制事项；(3) 关于金库收支事项；(4) 关于公债管理事项；(5) 关于金融之监督调整及取缔事项；(6) 其他有关边区财政之事项。[1]

财政处下设的各种专门机构，也于一九四二年前后相继建立和健全起来了。计有：会计科（财务科）、调查统计科，各科办有一个《内部参考》，系油印刊物，以交流各地经验，反映边区社会经济情况。贸易管理局（初称税务总局，后改称为物资统制局，再后改称此名），主管征收关税工作。一九四一年边区设总局，专区设总分局，下分设税务所、卡。粮食局，管理粮食的支付储存，下设粮站。县设粮食局，区设财粮助理员，乡设财粮股及干事若干人，各军分区建立粮委会指导各县粮食工作，粮食供应由边区粮食总局统一分配。贸易局，成立于一九四二年下半年，有的县还设有分局，一九四四年五月成立蔡店贸易公司，一九四五年春又成立陂安南贸易公司，经管出入境贸易。边区建设银行，下设会计科、出纳科（金库）和三个印刷钞票的工厂。各专署还设有分行，个别县设有办事处。

一九四〇年十月，部队从师部至各旅、团、各军分区、各独立团、各县大队，也设立了财政管理机构——供给处、供给科、供给股。各财政机构都配备了财会专职人员，建立了财政预算、决算等制度，纠正了一些混乱现象，边区的财政工作逐步走上轨道。

---

〔1〕《鄂豫边区行政公署组织条例》，1941 年 5 月。

有了健全的组织，还需要有懂得政策、熟悉业务、德才兼备的大批财政干部，才能为边区做好理财的工作。边区党委十分注意对财经干部的培养和配备，一方面抽调得力干部到财经战线上工作。例如：一九四三年七月，我军打下了监利、洪湖大片地方，急需设立税卡收税，以解决军队的给养和党政机关的费用问题。边区党委根据二分区党政部门的请求，迅速派去四十名税务干部，在新区担任了县和区的税务局长或新设税卡的税收干部。随着根据地的扩大，又将税务班的同志全部分配到襄南地区各县，前后共有一百多人。鄂东各县也抽调了一批部队干部，充实地方财经税收力量。一方面还办有各种学校、短训班培养大批的财经干部。如洪山公学就设有银行班、财经班、税务班，招收了大批知识分子，专门为县、区、乡培养财经干部，同时团结、教育和改造一些旧税务人员，使他们弃旧图新，参加到我们的财经队伍里面来。

二、实行统筹统支，建立管理制度

建立统筹统支制度是财政工作长期打算的重要措施。但要建立这一制度，除了要与敌伪做斗争以保证财源外，还要和内部的本位主义做斗争，以求收支统一；要和游击主义做斗争，保证预决算制度的实行；要和贪污浪费做斗争，以求取用得当，收支平衡。

关于边区的财经工作实行统筹统支制度的问题，早在一九四一年以前就已提出，但一直到一九四二年才真正有计划地建立起来。统筹统支制度规定，凡关税、田赋公粮由边区统一收支，地方税（烟、酒、契、营业税等）由各县收支，如果各县财政入不敷出，则由地方生产收入补充。

边区财政各项收入中，关税占百分之二十五，地方税占百分之五，而田赋公粮占百分之七十。田赋公粮是财政收入工作的重心。建立统一的粮食管理制度是财政上实行统筹统支的关键。因此边区党组织十分重视粮食工作，要求各级政府建立和健全组织机构和加强管理制度，大力做好粮食工作。

（一）严格领粮手续

县财委会和财务科的任务是计划和布置全县的收入和支出，负责田赋公粮的征收工作。对于粮食的支付，无论部队和机关，除经上级批准并持有领粮证外，决不允许任意动用，田赋公粮须交粮食局统一分配。如果地方粮食入不敷出，可将需粮数额呈报上级，待批准并发给领粮证后，才能凭证领粮。

（二）完善统征机构

一九四二年明确提出经征处的工作任务是征收田赋公粮，征收的粮食应全部交给粮食局，不得随便动用。个别的因特殊情况可以实行转账制度。

（三）加强统计

精确的统计数字，是做出精确的预决算的基础。为此，要求各机关部队必须把人员、马匹的统计数字呈报上级，据此做出每月的预决算，按预决算拨付粮食。如不及时提供统计数字，即以缺报论而停止拨付粮食，以保证有计划地供给粮食。

（四）健全会计制度

从建立会计制度着手，以健全粮食系统的会计制度为主，经常核对账目，统一审核工作，每月公布审核账目。在粮食供给办法上规定：(1) 实行计口授粮；(2) 统一用粮证，实行领粮转账制度；(3) 口粮与办公账目分开。

（五）干部以身作则

各级干部及征粮工作人员要以身作则，提高认真执行粮食制度的认识，自觉地执行制度。保证战争胜利，主要依靠部队。粮食供应要坚持部队第一、机关第二的原则，坚决打破本位主义和平均主义。

(六) 注意粮食管理

“民以食为天”。对于粮食的供给，即使是短期的匮乏，也将影响部队的战斗力和后方的安定。要使粮食供给源源不绝，必须妥善解决粮食的长期保存的问题。大量粮食的长期保存，使其不受鼠耗虫伤，潮湿霉烂，不被敌、伪、顽劫抢掠夺，是一件很不容易做好的工作。边区除分别不同地区采取急征缓征，分期分区保存和使用的措施外，还进一步采取了一些有效措施。如：各地区必须使用一样大小的升斗（行署规定以樊斗为标准），粮食成色力求一致。关于储藏地点，要力求隐蔽，情况严重时，还必须迅速转移，以免资敌。仓库必须干燥，以免虫害和潮湿，鼠耗也须尽量避免。一般情况，在贮藏期一切损耗最高不得超过百分之五。

边区行署除了加强粮食统筹统支工作外，对健全财政工作的制度方面也十分注意。为此边区行署于一九四三年七月二十五日至八月八日召开了财经会议，各县财政科长、粮食局长及部分乡财政特派员参加了会议。会议特别强调在边区财政战线的许多工作中，健全财政制度与消灭贪污浪费是当前财政工作的中心任务，会议要求健全制度应首先注意健全县以下各级机构；财政工作应实行军事化，以免遭受不应有的损失；财政工作人员应学习管理财政，注意发展国民经济，要具有廉洁奉公、精细负责的作风。

这次会议极大地加强和推动了各县的财政工作。在会上各县财政科长、粮食局长展开了县与县之间的大竞赛，部分乡财政特派员还结成了乡与乡的对手赛，提出了比执行这次会议的决定，健全和遵守制度，消灭贪污浪费，完成财政工作总任务等方面的竞赛条件。会后，他们回到各县各乡立即贯彻会议精神，结合强化整个政权的工作，大力进行县财政科、县粮食局的建设，特别是加强乡、保财政股的建设，紧紧抓住健全财经制度与消灭贪污浪费的中心环节，把征收管理粮食为重点的各项工作推进到一个新的水平。

三、生产自给，厉行节约，反对贪污浪费

在抗日游击战争环境中，财政面临严重困难的情况下，财政工作的重要措施是开源节流。开源除开辟新的财源、增加收入外，主要是领导和组织部队、机关、学校进行生产自给；节流就是尽量减少开支，精简机构，节约人力物力，反对贪污浪费。

（一）生产自给

边区的部队、学校、机关，除积极参加农村兴修水利和各种生产外，还积极开展了生产自给运动。边区党委负责同志李先念、陈少敏等亲自带头扛起锄头帮助人民修塘筑坝，施肥拔草，自己动手种蔬菜。在边区军民中流传着顺口溜：“李师长，种南瓜，种的南瓜人人夸；陈大姐，种白菜，种的白菜人人爱。”陈少敏还亲自种了一斗麦田，区党委宣传部长夏忠武拿起斧头劈柴，秘书处长江仲华细致地组织和具体领导机关的生产节约，样样都站在前头，这些都给机关人员以良好的影响，大家自觉地养成刻苦耐劳的作风。边区党委关于开荒、拾柴、烧窑、种菜和节约用品的号召下来以后，部队和机关干部都积极响应，马上行动。并且自豪地说：“只要能减轻人民群众的负担，我们自己苦一点算什么!”边区党委机关是一个几十人的单位，截至一九四〇年十月止，自给生产折款九万三千五百余元。据边区机关、部队（不包括三、四军分区）一九四三年不完全统计：共开荒二万三千五百余亩，种菜六千九百余亩，粮食开始部分自给，柴炭、蔬菜全部自给。少数单位粮、菜、柴达到全部自给。边区党委、行政公署和五师师部直属机关部队为了减轻人民负担，还到山林里去寻找野果、野菜，把它洗净切好晒干，用来作为日常吃的蔬菜，或煮在饭里代替粮食。做饭和烧开水全靠自己拾柴。鄂豫边区党政军民于一九四三年冬掀起的生产运动，到一九四四年春又有了新的进展，四、五月间，边区机关、部队在二十五天内开荒九十六亩，打柴六十多万斤，采野菜一千二百多斤，挖药材一万七千多斤，生产总值达一千多

万元。据一九四四年不完全统计，边区部队、机关、学校的直接生产收入折合价值为一万石谷。

一九四四年秋天，边区半数以上的县遭遇严重的旱灾，田赋公粮收入减少，财政发生新的严重困难。财政赤字达三亿元。一九四五年春，边币发行额已达二亿元，其中半数作为财政开支，加上贸易入超，在部队集中开支较多的地区边币贬值到六七折；一九四四年冬到一九四五年春，五师部队缺六个月的给养。如何解决边区财政困难？中央及华中局均强调五师要生产自给，开源节流。毛泽东致电边区党委指出："你们除粮食外，其他费用应由主要依靠税收转到主要依靠生产自给，放手由各区自行生产解决。"中央在《给五师关于度荒的指示》中也强调指出："解决财政困难，不外是开源节流。开源方面，除整顿税收外，主要应是组织机关、部队进行生产，即自己动手，种菜、种粮、喂猪、喂鸡鸭、打豆腐、榨油、打鱼及采集各种山货和进行各种手工业生产，均可克服很大的困难。"

根据中央和毛泽东的指示，边区部队、机关、学校再次兴起了生产自给运动的新高潮，上自边区党政领导，下至每个士兵，人人动手，大搞农副业生产。安应县齐仲区党政机关在一九四五年种稻五十余亩，收谷二万多斤，还开办了粉房，饲养牲猪一百多头，实现了自给有余。襄西中心县委根据边区党委指示，开展大生产运动，部队工作人员一齐动手开荒造田。经过一年努力，襄西根据地也基本上做到了丰衣足食。

（二）厉行节约

早有一九四〇年十一月，中央给华中抗日根据地的指示中明确提出：节省人力、物力，反对贪污浪费。一九四一年以来，财政工作随着新政权的发展，有了很大的改进。

边区各级政府和部队实行供给制，工作人员自觉地厉行节约。粮食不够，就以菜代，稀饭加野菜。办公用纸尽量不动用整批的油光纸，而使用印刷时裁剩下来的边角余料；一个信封要用二三次，墨水除特殊工作外，一般用自己配的靛水。油灯捻子，一般只用一根，夜间做文字工作的才能用两三根，仅几十人的边区党委机关截至一九四三年十月止，共节约开支二万三千六百余元。自军政联合办公处以至乡保行政人员，均享受最菲薄的待遇，枵腹从公，以度过财政难关。

节省人力、物力，是坚持长期抗战的必要条件，是边区党、政、军、民、学各种机构都应非常重视的问题。为了使人民休养生息，必须节省人力，除有不得已的情况，不轻易使用民工。在我军活动的范围内，群众负担的民工，最多没超过总劳动力的千分之五；而且使用民工时，一律管饭给钱。在农忙时，自卫队停止训练，部队、机关、学校尽量停止本身工作，抽出一部分地方部队战士帮助群众生产。地方部队、机关、学校整个脱离生产的人员不超过百分之二。尤其正规部队、抗日学校和高级领导机关，勤俭节约已成为一种自觉的革命风气。

（三）精简机构

为了克服抗日根据地的财政经济困难，根据中共中央一九四一年十二月发出“精兵简政”的指示，鄂豫边区党政军领导机关从一九四二年起，开始着手精简、整顿各级臃肿庞大的组织机构，节约人力、物力，以充实连队，提高战斗力；加强基层，提高工作效能。一九四三年结合军事建设，改造地方党和强化政权，不断检查精兵简政的实施情况。边区党委成立了精简委员会，由李先念、许子威等五人组成，负责审查边区党、政、军、民、学各种机构，提出精简意见。各级组织也相应地建立和健全精简领导机构，把精兵简政工作提到重要的议事日程。

一九四三年二、三月间，边区取消了抗日保安司令部及政治部，由各军分区加强对地方武装和民兵的领导。五师也缩减了领导机构和人员，充实了战斗部队，并规定取消勤务员，自背行李公文，有马者的行李不得超过十二斤，无马者的行李不得超过五斤，驮马（除炮骡外）及营以下干部马匹一律取消，伙食担子一律取消，在部队的四十岁以上及十六岁以下的战士和事务人员一律送地方政府安置，

或送学校学习。地方行政机关也缩小了编制，减少脱产的行政人员，增加不脱产的工作人员，将过去每乡五人脱产改为最多一至二人半脱产。六月间，边区除将第四、第五军分区合并为第四军分区外，还将罗、礼、经、光指挥都划归第一军分区领导，信、应、罗、礼指挥部划归第二军分区领导，减少了领导单位。九月间，对边区一般的领导机构及工作人员，又作了一次调整。并将五师十五旅并入第三军分区。截至一九四三年十月，边区党委机关干部减至三十余人，行政公署减至八十余人，五师师部减至一百四十人（五师司令部在年初仅勤务员就有六十多人，其中有些十六岁以下的少年），经过几次精简，勤务员减去十分之九。被精简的小战士和其他人员都做了妥善安置。

这样紧缩上层、充实下层，特别是充实连队，使上层机关逐步变得精干合理，下层和连队的力量也得到加强，从而更适应战争的需要，更好地调动了干部的积极性。留在上层机关的同志，提高了工作热情和工作效率，一个人承担了过去两三个人的工作任务；分配到下层机关和连队的同志，也大有用武之地。分工负责的制度随之健全起来，克服了那种事事依靠上级和事务主义的工作作风。同时，部分人员下放地方，参加政府或地方生产，提高了干部和战士的思想政治觉悟，增加了劳动观念，群众观念，改善了军政、军民关系，加强了团结，从而有力地支援了抗日战争。

（四）反对贪污浪费

边区财政干部队伍中，大多数都是好的和比较好的，但也有少数干部贪污腐化和浪费的现象比较严重。如云梦公正乡有些保的征收人员就用大秤进、小秤出；自行提高谷价，将其所得私分，或将补交的公粮据为私有。

产生贪污浪费的原因，主要是：思想意识不纯，贪图生活享受；对财政制度重视不够，执行不严。当时敌后游击环境，军事上往往是分散独立作战，一班一排分散活动，财政上关税所、卡往往也是二三人一组，甚至一个人也收税，征收工作处于无人监督状态。因此，必

须加强勤俭节约教育与贪污浪费现象做斗争。一九四二年七月，刘少奇给华中局和陈毅的一封信中指出：“为了整个革命的利益，我们不应该姑息那些官僚主义者及贪污浪费者。这在全党全军中必须进行深入解释和动员，为革命的胜利和我们的光明前途和新中国的创造而节省一切可以节省的资财，对民力，物质资财的不爱惜，无异于对党对革命不负责任，无异于犯罪”。[1]

遵照上述指示精神，边区党委决定把消灭贪污浪费当作主要中心工作。对有犯罪行为者分别情况给以不同处分，直至处以死刑。并且规定了以下的处理原则：（1）以思想教育为主，纪律制裁为辅；（2）过去改正了的从宽，着重今后防止重犯；（3）不仅消极反对贪污浪费，而且积极提倡刻苦耐劳的精神。在措施上：（1）积极宣传、深入动员开展自我检讨运动；（2）领导以身作则，严格执行财经制度；（3）提高经济待遇，保持最低限度的物质生活。

经过反对贪污浪费的斗争，财经干部普遍提高了思想觉悟，加强了财经纪律，挽救了一批犯错误的干部，严惩了不少严重犯罪分子。从一九四三年起，进一步建立和健全了粮食、税收、奖惩、抚恤等一系列的规章制度，使财政管理逐步向完善的方向前进。

〔1〕 刘少奇：《克服困难，准备反攻，为战后建立新中国创造条件》。

第三章 金融

金融一般是指与货币流通和银行信用有关的一切活动，主要是通过银行的各种业务来实现。在商品经济存在的条件下，它们是社会经济生活不可缺少的环节。没有货币流通，商品流通就会受到阻碍；没有信贷，工业、农业和其他生产事业的周转就会受到影响。故金融活动和生产事业、人民的物质生活有着极为密切的关系。

鄂豫边区初创时期，还没有建立统一的边区人民政权，也没有自己的金融机构，“边币”尚未发行，币制不一，金融混乱，物价飞涨，老百姓不堪其苦。为了整顿金融，稳定物价，于一九四〇年秋至一九四一年底，边区抗日民主政权成立后，即着手建立金融机构，发行了边币。边币信用高于法币。一九四二年春，太平洋战争爆发后，日寇“公布伪币与法币脱离关系而与日本的军票联系”，“并向我边区投掷法币”，“我即以边币为本位币，大量发行边币，对法币实行贬值打折扣”[1]，并禁止敌伪货币在边区流行，从而抵制了敌伪的经济掠夺，减轻了法币贬值所带来的恶果。

边区政权把整顿金融与发展生产结合起来，发展边区经济，以巩固货币的基础。发放低利和无息贷款，发行边区建设公债，以支援工农业建设，增强边区的物质力量。通过投资以支持商业的发展。所有这些为发展生产，繁荣经济，保障供给，巩固和扩大解放区，支援抗

---

〔1〕“鄂豫边财政问题之解决办法”，见《中央通讯》1942年3月，第16—20页。

战发挥了重大作用。

第一节　建设银行成立前的边区金融

一、国民党的法币

我国长期以来，实行银两制度，用白银重量为记账计价单位。一九三三年四月，国民政府宣布“废两改元”，规定一律使用银元，不再以银两计价。一九三五年十一月四日，国民党在英美帝国主义的支持下，公布了紧急法令，实行所谓“币制改革”。规定：(1) 中央银行、中国银行、交通银行三行，后又加上中国农民银行所发之钞票，自公布之日起，定为法币，并集中统一发行。其他各银行所发钞票，仍准流通，但应逐渐收回，代之以中央银行钞票。以后各行不得再发新钞票。(2) 所有各种以银币为单位之债务，应按照数额，于到期日以法币清偿之。(3) 所有银元持有者，应将其缴存政府，照数额换领法币。(4) 为使法币对汇价按照现行价格稳定起见，应由中央、中国、交通三行无限制出卖外汇”。[1]并规定法币对外汇的比值，每元合一先令二便士半，旧法币钉在英镑上，等于我国正式加入英镑集团。还宣布“白银国有”。国民党的所谓“币制改革”，实际上就是放弃银本位，采用外汇本位制，是蒋、宋、孔、陈四大家族完成其对全国金融独占的一个措施，是高度集中财富的一种手段。他们利用币制改革，滥发钞票。一九三五年十二月发行数为四亿四千万元，到一九三七年六月则达到十四亿元，仅一年多就增加三倍以上。随着钞票发行的增加，物价日益上涨，钞票贬值。一九三六年到一九三七年，人民手中的法币一元实际购买力降到八角四分，这是对全国人民最

〔1〕 吴岗：《旧中国通货膨胀史料》，上海人民出版社1958年版，第64页。

直接的掠夺。

国民党币制改革很快影响到边区。据中央银行立煌分行称：先后发行的法币，截至民国三十年（即一九四一年）秋季达到四千二百万元（大票五十万元，小票四千一百五十万元）。但因在敌占区购物，拒用大票，致使小票大量流出，很少有转回之可能，造成皖北、鄂东各县五十元、百元之大票，充斥市场，找零不便，造成物价上涨。[1]国民党为了进一步对人民进行掠夺，于一九四二年又发行关金券。法币二十二元，兑关金券一元，使法币进一步贬值，刺激物价进一步上涨。

二、日本的军票

军票是日寇在华中华南发行的一种纸币。它是日本帝国主义掠夺中国资源，榨取中国人民血汗，达到“以战养战”的目的的一种手段。它具有明显的掠夺特征：(1) 军票毫无准备金，“以一张所费成本不多之纸币，可以有购买物品之能力”[2]。随着军事侵略范围越来越大，受军票摧残的地区也越来越广。(2) 军票“与本国之关系脱离”。由于“日寇在华中流行之军票过于膨胀，影响本国关系之基础发生动摇，”因此“军票不能在日寇本国使用”[3]这就使军票成为日本帝国主义单纯对中国经济掠夺的一种手段。(3) 军票在名义上是由日本银行发行，但由于日本在中国占领区，并无分行，日本银行享有滥发钞票的权利，而不承担兑现的义务。(4) 以武力为后盾，强行流通，任意提高比价。武汉沦陷后，日军即在市面使用军票，拒收法币，起初比值是一比一，后来军票价值逐渐提高，达到五比一（即五元法币换一元军票）[4]日寇用武力为后盾，将大量军票投向我边区，以榨取我国人民的财富。

---

〔1〕 国民党政府军政部请取缔大小钞票贴水调换致财政部函，1941 年 4 月 5 日。

〔2〕〔3〕 夏忠武：《法币低落与边区经济建设》。

〔4〕 志久：“汪伪中央储备银行汉口分行始末”，《武汉文史资料》（第六辑），1982 年 3 月。

三、汪伪的储币

一九四〇年三月三十日，汪精卫在南京成立伪国民政府后，便积极筹建伪中央储备银行，发行货币。其发行之货币称新法币（即伪中储券）。一九四一年六月伪储备银行在南京成立。一九四二年三月伪中央储备银行在汉口筹备建立分行，八月十二日正式营业。分行经营范围，除收纳国税、管理经营汇款外，就是发行伪储币。“储备票最初在上海印刷，开始最大票面是五十元，后来一百元、一千元、五千元都发出来了。由于通货膨胀，票面越印越大，万元币也发出来了。上海印不及，于是就地在汉口印刷。印刷一事由日军部安排。”〔1〕

在发行储备票的同时，还收回法币。“开始兑换率是按上海的例子二比一（即老法币二元兑一元储备票）。除汉口分行办理收兑外，还委托上海、大陆、中南、盐业、金城、广东等数十家银行代为收兑。分行还在谌家矶、姑嫂树，硚口、武昌等处设临时收兑处，由分行每日派人去办理收兑工作”。〔2〕从此，伪币就通过各种渠道，大量流向边区货币市场。

流通在鄂豫边区的货币除上述几种外，还有地方上的各种杂币、私钞、银元、铜板等。如皖北、鄂东的本票（系安徽发行的，票面有一元、五元、十元三种，总额为三百万元）和各县兑换券（发行量大致与本票同，流通区域限制在各该县内）〔3〕、黄冈三区项家庙鄂东印刷所及刘家集印刷局发行的私钞（约二十余万元）。〔4〕

日寇依仗武力为后盾，自行提高日币币值，贬低法币，致使法币币值惨落。

鄂豫边区财委书记陈少敏回忆这段历史的情形时说：“武汉沦陷

〔1〕〔2〕 志久：“汪伪中央储备银行汉口分行始末”，《武汉文史资料》（第六辑），1982年3月。

〔3〕〔4〕《国民党政府第五战区经济委员会立煌办事处年工作报告及皖北、鄂东经济调查统计》，1942年。

后，敌人大力推行日币，企图用日币压倒留在敌后的法币，大收我法币，尤其是辅币。因此，我留在敌后的辅币日减，流通在市面上的法币，票面起码为五元、十元。且五元的法币日益减少，同时流落民间的一部分辅币也成废纸，小本经营大受影响，广大群众拿着辅币无处兑换，拿着五元、十元、一百元的法币买不到东西，广大人民群众叫苦连天”。[1]

第二节　鄂豫边区建设银行的建立和边币的发行

一、边区建设银行的建立和发展

早在一九三八年党的六届六中全会上，毛泽东所作的报告中就指出：“要有计划地同敌人发行伪币及破坏法币的政策做斗争，允许被隔断区域设立地方银行，发行纸币。”并规定“由国家银行办理低利息借贷，协助生产事业的发展和商品的流通”。“……为普遍，硬币一元价高则值法币五元，低则值法币二、三元不等。”[2]甚至还有孝感县陈文清的油条票、王家店大地主的布票之类，[3]也作为货币，流通在鄂豫边区的城镇和乡村。币制之混乱，金融遭到破坏已到了无以复加的地步。

二、金融紊乱对边区的影响

由于边区流通的货币名目繁多，以及由此造成的金融紊乱，给边

[1] 陈少敏：《艰苦奋斗的三周年》，1941 年 6 月 8 日。

[2] 《国民党政府第五战区经济员委会立煌办事处年工作报告及皖北、鄂东经济调查统计》，1942 年。

[3] 《中国共产党孝感县历史资料汇编》（下）。

区经济、人民生活带来了极大困难。据一九四一年一个经济调查工作队对一九三七年和一九四一年主要生活品上涨的情况作了一个对比的调查：[1]

名称	单位	1937 年	1941 年	增长指数
谷	石	3.00 元	50.00 元	1666%
米	石	7.00 元	90.00 元	1286%
小麦	石	10.00 元	90.00 元	900%
黄豆	石	7.00 元	90.00 元	1286%
自土布	尺	0.10 元	0.60 元	600%
黑土布	尺	0.13 元	0.90 元	692%
猪肉	斤	0.30 元	3.20 元	1062%
牛肉	斤	0.30 元	3.20 元	1066%
白菜	斤	0.01 元	0.20 元	2000%

其上涨指数最高的达到百分之二千，低的也达到百分之六百。

一九四〇年九月七日，边区党委在京山八字门召开第一次军政代表大会，成立了鄂豫边区军政联合办事处，并召开了财经会议。财经会议以后，为反击敌伪操纵和破坏金融市场。以及解决交换中缺乏辅币的困难，根据六届六中全会毛泽东所作报告的精神，边区政府即以边区合作金库的名义发行“流通券”数千元。先在京山石板河一带使用，大受人民欢迎，流通范围颇为广泛，各县纷纷请求大量发行。一九四一年四月一日，边区第二次军政代表大会在湖北京山向家冲开幕。会上许子威等八人提出《创办边区建设银行集资发展边区各种生产事业》的提案。

创办银行的办法及任务：

1. 资本数额定为一百万元。

2. 资本筹集的办法是：（1）发行救国建设公债五十万元（以应

〔1〕 摘自《经济工作队所制的调查表》，1941 年 2 月 26 日（原件存湖北省档案馆）。

城膏盐矿救国捐作为担保)。公债值分十元、五十元、一百元、一千元四种，年息六厘，每年还本息十分之一，以十年偿清；(2)招募民股二十万元；(3)政府于税收项下拨发三十万元。

3. 规定银行营业特权及种类：(1)发行法币兑换券一百万元；(2)代理各县之金库收支事项；(3)贷放各种生产事业上必须之资金；(4)对各有利于人民抗战事业进行投资；(5)办理边区汇兑；(6)代理边区行政公署救国建设公债之发行及其还本付息之事项。[1]

大会之后，在新成立的边区行政公署之下设立了鄂豫边区建设银行。“鄂豫边区建设银行归行署财政处直接领导，总行开始设在京山，后来转移到大悟山。在信阳、襄南、鄂中、黄冈、鄂东等专区设有分行，少数县成立了办事处。另外还有三个印钞厂，分行办事处直接隶属当地党政领导”。[2]

三、鄂豫边区建设银行印钞厂的建立和发展

建设银行成立之后，为了发行边币的需要，先后在天汉地区建立了第一印钞厂，在大悟山区建立了第二印钞厂，在黄冈地区建立了第三印钞厂。

第一印钞厂。一九四一年初，在天汉湖区相叶陂新成湾，打着“鄂豫边区行政公署修养所”的招牌，秘密成立了“鄂豫边区建设银行”印钞第一厂。到八月，该厂已初具规模，有五部石印机、一部铅印机，人员基本齐全，共三十余人。接着开工制版，票面五角，小版制好后，马上投入生产。当年冬，边区财政处长刘子厚到天汉湖区检查工作，指出生产速度太慢，发行量太少，远远满足不了需要。根据他的指示，从一九四二年开始生产票面为一元、二元、三元、五元的钞票。为了加快速度，还增购了两部石印机，生产基本处于正常状

[1] “大会重要提案”之十，《七七月刊》(第一卷第三期) 1941 年 6 月 15 日。
[2] 庄果:《回忆记录》，1968 年 8 月 1 日。

态。一九四二年春，印钞厂迁到汉川十大姓。一九四三年二月，印钞厂又迁到潜江县李家台。这时全厂已有七部石印机、一部铅印机、一台圆盘机。后又多次搬迁，但仍坚持生产，一直到一九四五年十月，国民党反动派向我进攻，印钞厂在部队的掩护下向大悟山转移。由于情况变化，印钞厂被迫停止了生产，机器进行了妥善的处理，战斗在工厂的同志们走上了新的战斗岗位。[1]

第二印钞厂。一九四一年底，刘子厚检查天汉湖区工作回行署后，立即配备干部筹建二厂。厂址设在陂孝边羊毛岭东的一所破庙里。从天汉一厂调来技术骨干和数名工人充实该厂。随后开始制作五元、十元两种票版，每日三班生产。从一九四三年起，二厂主要任务是在进一步充实巩固、提高的基础上，加快印钞票的速度。一九四四年五月，上级将五师制图所四部石印机和人员合并给二厂，进一步充实和加强了二厂的技术力量和物质基础，为保证任务的完成提供了必需的条件。

第三印钞厂。一九四二年，行署在湖北东部的黄冈建立了第三印钞厂。工厂建在湖泊水网地带，厂房是利用湖区大地主的房屋和祠堂。另备有船只停在湖边，一有情况就搬上船转移。人员有时转移到敌占区附近分散隐蔽。[2]到一九四三年上半年，三厂已有两部石印机，开始生产部分钞票。不久，由于敌情变化，第三印钞厂奉命合并到大悟山第二厂[3]。

在边区党委和行政公署的领导下，经过印钞厂全体职工的艰苦奋斗，印钞厂对抵制敌伪对边区金融的破坏，保证边币的发行，作出了很大的贡献。

四、边币的发行和流通

在抗日战争时期，各抗日根据地都发行了货币，但名称不一。鄂

〔1〕“鄂豫边区建设银行印刷第一厂”，《座谈纪要》，1985年。

〔2〕张苏（即张国团）：“活跃在江汉平原和山区”，《战斗在华中敌后》，第38页。

〔3〕王正道：《战斗在鄂豫边区的印钞厂》，1983年。

豫边区发行的货币称边币。边区课本第八十八课曾写道："我叫边币，建设银行是我的家，鄂豫边区是我活动的区域，法币是我的朋友，日钞、伪币都是我的敌人。我便是联合朋友，打击敌人，帮助边区生产事业的发展。"短短几句话，形象地反映了边币的性质、职能和边区政府的货币政策。

发行边币的目的：一是为了支持发展生产，如用边币发放农业贷款和手工业贷款；二是供给财政开支，主要供给部队。这与国民党滥发法币，有本质的区别。

边币发行是经历了一个发展过程的。早在一九四〇年秋，边区政府联合办事处成立以后，曾以边区合作金库的名义发行过辅币"流通券"数千元，这是边币的雏形。面额很小，只有一分、二分、五分、一角和两角五种。这种流通券是《七七》报社印刷厂印刷的，版面花纹简单，纸质较差，制作比较粗糙。到一九四一年七月，天汉湖区印钞厂（即第一印钞厂）正式投产后，边币的印刷发行才逐步走上正轨。一九四一年起八月发行的边币是五角券。是年冬发行了面额为一元的边币。一九四二年发行面额为二元、三元、五元、十元的边币。印钞厂还于一九四四年制过五十元、一百元、二百元、五百元和一千元的票版，但均未正式发行。现将边区建设银行成立以后边币发行的情况列表如下：

鄂豫边区建设银行边币发行情况

时间	面额	版面及特征	备注
1941 年	伍角	长 4.7 厘米宽 9 厘米红色农作图案	
1941 年	壹元	长 4.9 厘米宽 9.1 厘米红色楼阁图案	
1942 年	贰元	长 5.4 厘米宽 9.9 厘米红色乡村山林图案	
1942 年	叁元	长 4.8 厘米宽 8.7 厘米红色城市街道图案	
1945 年	伍元	长 5.3 厘米宽 10.5 厘米红色山峦溪水拱桥风景图案	
1945 年	拾元	长 5.9 厘米宽 11.4 厘米红色工厂图案	

边币流通地区很广泛，新四军五师部队发展到哪里，哪里就开辟了边币的流通市场。西起襄南，汉水两岸，西北到桐柏山，南到洞庭湖北岸，北到漯（河）、汝（阳）、确（山）一带；东达皖、赣之广大地区，都有我边币流通。边币正式发行后，深得广大群众的热烈拥护，它在边区流通无阻。群众十分珍惜边币。“有的农村妇女，将崭新的边币，密封珍藏，不愿轻易使用。”[1]边币不仅在边区受到广大群众的欢迎，它还流通到武昌郊区的卓刀泉，汉口郊区的姑嫂树，武汉三镇有时也可秘密使用。更有甚者，“即使敌据点内也乐于使用，甚至某些据点之日寇，愿以军票一元兑换边币一元”。[2]

边币之所以取得广大群众的信任，其原因是：第一，是我边区政府在群众中享有极高的威信，群众相信和拥护边区政府，他们也就相信和拥护边区政府发行之钞票；第二，市面上零票甚少，群众持着五元、十元、甚至五十元、百元之钞票，无法拆开，交易不便，所以对边区政府银行发行之一元等小额边币，极为欢迎，甚至破烂不堪者，仍在市场里流通；[3]第三，“边币与法币同时流通”。[4]

第三节　鄂豫边区的货币斗争

边币发行与流通，并不是一帆风顺的，而是经历了尖锐复杂的斗争过程。

边区的货币斗争，主要是指与敌伪货币的斗争，这个斗争到一九四二年太平洋战争爆发后，更加尖锐。日寇为了挽救其灭亡的命运，便开始在华中各地滥发军票，抢夺市场，掠夺物资。军票虽然是在日本的大炮刺刀的威胁下流通，但由于发行量过大，致使币值低落，日本帝国主义于是变换手法：（1）指令中央储备银行用伪“中储券”

---

[1][2][3][4] 夏忠武：《法币低落与边区经济建设》，《七七月刊》（第一卷第七期），1941年，第22页。

收回军票，在武汉周围遍设兑换处，限期收兑完毕，过期停止使用；(2) 提高伪“中储券”比价。一九四一年二月，法币与伪“中储券”的比价为一百比一百，到一九四二年五月，法币与伪“中储券”的比价一月数调，高的达一百比五十，低的亦达一百比七十七；(3) 制定条例，限制法币流通。如规定：妨碍新法币（即伪中储券）流通，及破坏使用者，处五年以上徒刑和五千元以下罚金；拒绝使用新法币者，判三年以上、十年以下徒刑和五千元以下罚金。伪财政部宣布：禁止以旧法币买卖商品，处理资产，缴付旅费、车费、租金及其他费用，兑换其他物品，充作担保品，成立债权，或偿还债务、劳动报酬等，以各种手段排斥法币；(4) 宣布伪币与法币脱离关系，取消法币法定地位，法币在敌占区不成为商品交换手段。法币一百元，只能换兑军票二十元，甚至成为一张废纸。日寇将搜括得来的法币，大量向我边区投掷，以收购我农副产品；(5) 伪造法币，并在边区流通。据一九四二年国民党政府经济委员会工作报告的统计，伪造的法币竟达九种之多。

针对敌伪对我币制的破坏，边区政府采取了有效措施，同敌伪进行了针锋相对的斗争。(1) 确定边币为边区内的本位币，大量发行，并提高其币值，“对伪币以边币市价为准打折使用”[1]。其具体规定：“伪币一律进出七五折（即伪币一百元当边币七十五元）；在各项税收上，照票面再打折”。[2] (2) 禁止敌伪钞票在我基本区流通。凡持有敌伪钞票者，须自动向建设银行兑换边币，其比价按敌伪钞票实际价格八折计算。如不兑换者一经查出即行没收并按情节轻重予以处罚。游击区尽可能限制使用。[3] 如鄂东地区规定：伪钞十元、五元票一律禁止使用，五百元大伪钞作百元伪钞八折使用；每百元伪钞作六十元，征收时作五十元；[4]“一千元的大伪钞坚持拒绝使用”[5]。为了照顾边区人民手中持有伪币的实际情况，规定伪币持有者可到

〔1〕〔2〕 1944 年 4 月 14 日黄安县政府通令（原件存湖北省档案馆）。

〔3〕《财政经济政策提纲》第三章。

〔4〕 1944 年 6 月 7 日黄安县政府密令（原件存湖北省档案馆）。

〔5〕 1944 年 4 月 14 日黄安县政府通令（原件存湖北省档案馆）。

分区金库或贸易局按七五折兑换边币。[1](3) 实行贸易统制。边区政府采取各种办法，如发放信贷，以边区银行收兑到的敌伪货币，到敌占区去购买货物；动员爱国商人、合作社、民间运输力量，向边区贩运物资，以充实边区的物质基础。(4) 根据情况的发展变化，投放和回笼边币。当边区范围扩大时，投放数量就大些，以便在新区迅速收购货物，扩大我边币流通范围；基本区暂时缩小时，就多投放些物资，以收回边币，防止引起边区物价波动，影响人民生活；旺季多投放边币，以便收购货物；淡季多出售商品，以回笼货币。因此边币币值比较稳定。特殊情况者如大悟山区因是五师师部、边区政府所在地，人员集中、开支较大，边币投放多了些，也就是投放量大于回笼量，故黑市上边币有贬值现象。(5) 进行反假的斗争，除及时地充分揭露敌人发行假币，以假乱真的阴谋外，并规定："伪造边币扰乱金融者""处死刑"；"伪造边币或作金融投机情节重大者"，"处死刑，或十年以上有期徒刑"；"明知造伪而又使用者"，"处一年以下劳役或一千元以下罚金"。[2]为防止假法币在我市场出现，还将一部分法币内部"打记号"，[3]以利于与假法币作斗争。

对法币，我们采取了在基本区实行保护的政策，在游击区则抵制其内流。在货币斗争中，由于我们采取了正确的政策，因而"自实行以来，已得到全边区人民的拥护，边币价值，日益高涨，法币地位，亦赖以巩固"。[4]

第四节 银行与边区经济建设

建设银行的建立，边币的发行，不仅保证了部队的给养，打击了

[1] 1944年6月7日黄安县政府密令（原件存湖北省档案馆）。
[2] 《鄂豫边区破坏抗日秩序治罪暂行条例》，1943年6月13日。
[3] "鄂豫边区财政问题之解决办法"，《中央通讯》，1942年3月，6-20期。
[4] 许子威："一九四二年边区民主建设之回顾"，《新民主》1942年12月15日。

伪币，稳定了人民的生活，而且对推动边区的经济建设，也起了很大的作用。

随着边区根据地的建设与发展，鄂豫边区党委于一九四二年元月十一日作出《关于经济建设的决定》。《决定》指出："进行经济建设的中心，要着重于农业生产，农业生产主要是兴修水利，防止天旱与水涝；发展手工业，摆脱对洋货的依赖，组织贸易机关，实行统制贸易，爱护人力物力。"[1]要完成这一中心任务，除了依靠党的领导、放手发动群众外，还要有大量的资金作基础。据此，边区建设银行货币发行的原则：一是用于支持发展生产；二是供给财政开支，主要供给部队，支援革命战争。边区党委经常指出必须以前者为主。因此发放农业贷款、手工业贷款和商业贷款，大力支持边区建设事业，就成为边区建设银行一项重要任务。

一、农业贷款

鄂豫边区经济以农业为主，银行的贷款大部分应用于农业生产，以帮助农民解决生产中的资金困难，即耕牛、种籽、农具、肥料等方面的问题。

边区银行的农贷政策，是保证重点。即（一）集中用于最需要的生产项目（如以耕牛、肥料贷款为主，水利、种籽次之）；（二）贷于最需要的区域（如集中肥料最缺乏的地区）；（三）贷给最困难最需要的户（如贫苦抗属、大部分贫农、一部分困难中农）；（四）在迫切需要贷款的时期发放（春耕时期、插秧时期、收割时期，以及青黄不接的时期）；（五）边区贷款，以发放耕牛、肥料贷款为主。各县以发放副业贷款为主。[2]根据上述政策，"一九四一年七月边区建设银行，在洛阳店、九口堰、古城畈、张畈等地发放农贷，建立十

---

〔1〕《边区党委关于经济建设的决定》，1942年1月11日。

〔2〕吴祖贻：《关于如何领导老百姓生产的问题》，1943年。

余处消费合作社，发放无息贷款边币二万元。”[1]解决了农民资金不足、生产工具破旧无力修补，以及饼肥石灰价格高涨无力购买等困难，帮助农民渡过了难关，支援农业生产。一九四三年，政府还发放了耕牛贷款，买的牛由群众自己喂养，克服了过去由耕牛站将牛借给农民使用以致有人用无人养，把牛累死的现象，深受群众欢迎。[2]

二、水利贷款

鄂豫边区有山有湖，过去因为人谋不臧，水利失修，总是山乡丰收，而湖乡则发生水灾。有时湖乡丰收，山乡又发生旱灾；甚至本地天旱，而江河水涨，泛入湖区，以致山区、湖区同时发生灾荒。边区各级政府，从来就十分重视水利事业。边区政府曾规定：“工程巨大非私人力量所能办到之水利建设，得由政府或地方举办，其私人举办者可请求政府贷款。一九四一年，边区灾荒严重，政府曾领导边区人民大搞生产自救，开展‘千塘百坝’兴修水利的运动，并由边区银行拨出三百万元边币，作为兴修水利的经费，依照当时的物价，这笔钱可折合稻谷一千二百万斤。‘千塘百坝’由一九四二年冬开始兴修，一九四三年四月下旬竣工，共建坝一百零六座，塘和堰一千零六十三口，超额完成了上级党所交给的光荣任务”，[3]保证了丰收。

三、扶助工业和商业发展

鄂豫边区，以农业经济为主，加上战争环境，工业基础非常薄弱，人民生活用品，军需用品，十分缺乏。为解决这一困难，边区政府和边区银行，采取了积极的便利工商业发展的措施，以保证军民日用必需品的供给。

---

〔1〕 王传授：“抗日战争时期鄂豫边区建设银行在随南的活动”，《金融志资料》，湖北金融研究增刊（一）。

〔2〕 吴祖贻：《关于如何领导老百姓生产的问题》，1943年。

〔3〕 汪立波：《回忆安应地区的抗日斗争》，湖北人民出版社1958年版，54页。

为了摆脱对洋货的依赖，边区政府提倡群众自制必需品，如纺纱、织布，生产毛巾、袜子、卷烟、肥皂、纸、电池、油墨等。政府发放贷款予以资助，并组织爱国商人和民间运输队采购原料，以保证各类工厂的生产需要。在边区政府和边区银行大力支持下，边区行署和所辖各县，先后办起了一批工厂，还有一些由政府资助私人办的工厂。在扶助工厂的同时，边区银行还以货币金融来调节边区的贸易。某种贸易需要发展，银行即在资金贷款上给予支持；某种贸易需要制约其发展，即从货币金融上进行限制。

四、发行公债

为了解决根据地经济困难，发展生产，繁荣经济，边区建设银行还经理发行公债的业务。一九四一年，以边区税收为基金，曾发行救国公债五十万元。此外，还发行了建设公债一百万元，年利五厘，一九四一年十一月发行，一九四三年十月一日起分五次还本付息，每次偿还五分之一。[1]为了“就地建设并准备反攻”，边区政府于一九四四年发行了“鄂豫边区行政公署建国公债”。[2]发行总额为边币五万万元至十万万元。以边区田赋关税作担保。为避免债券购买人或债券持有人因货币贬值而受损失，公债票钱数一律按当地当时谷价折成实物价以樊斗计算，还本时付谷，或依照还本时谷价给钱。年息五厘，自采购之日起，每逾一年付息一次，由县府凭票付息。

除边区政府发行公债外，各县为了支援生产，改善民生，救济灾荒，也发行了小额公债。如应城发行三十万元的生产救国公债，以“解决贫苦抗属的春荒、耕牛、种子等问题。”[3]又如有的县发行救济公债，集资教济灾荒；还有的县因某项生产事业的需要而发行生产公债。

公债发行工作是一项政策性很强的工作。除需要制定、颁布公债

---

〔1〕《民国三十年边区建设公债条例》，1941 年。

〔2〕《民国三十年边区建设公债条例》，1941 年。

〔3〕刘慈橙：“我爱新应城”，《七七月刊》（第一卷第四期）第 100 页。

条例，拟定实施计划，以保证公债发行工作有章可循外，还必须有正确的政策。边区发行公债明确规定：推销公债的对象为边区商富，以及沦陷区和大后方的商富。其标准应不拘土地之多少而以生产力之大小、资本之多少、生活之有余与不足、丰厚与俭约为正比例。还规定：劝销方式，以说服为主，避免行政命令，但对个别不开明的商富对象，采取民主评议方式，使其认购达到相当数量，[1]这样既维护了广大贫苦群众的利益，在方式上又注意争取和团结了富商中的大多数，因而赢得了边区各界群众的积极支持与踊跃认购。

〔1〕《黄安县劝销公债实施办法》。

第四章 减租减息

抗日战争爆发后，民族矛盾上升为主要矛盾，阶级矛盾已降为次要矛盾。为了调动一切抗日力量，投入伟大的抗日民族解放斗争的洪流，我党在各抗日根据地实行了抗日民族统一战线的土地政策，即减租减息和交租交息的政策。一方面，规定地主实行减租减息，以利于调动农民生产热情和抗日积极性；另一方面，规定农民交租交息，土地所有权和财产所有权仍属地主，以利团结地主阶级一致抗日。鄂豫边区党委和全国各抗日根据地一样，在党中央关于减租减息方针政策的指引下，结合边区实际，于一九四〇年开始，在边区各县先后开展了减租减息运动，它对团结所有抗日力量，一致抗日，巩固和发展抗日民主政权，起了很大的战略作用。

第一节　减租减息前的阶级关系

鄂豫边区广大的农村和全国农村一样，长期以来存在着严重的封建压迫与被压迫、剥削和被剥削的关系。地主阶级凭借着手中所掌握的政治权力和占据着的大量土地，对广大贫苦农民进行残酷的压迫和剥削，这是边区长期以来贫困和落后的根本原因。

一、地租剥削

边区农民在减租减息实施以前，饱受封建土地制度的残酷剥削，生活异常困苦。一九四二年鄂豫边区调查研究室在应城、陂安南、京山、汉川、黄陂、孝感、云梦等七个县的六个乡一百个保进行了调查，从调查所得材料就可以看出不把广大贫苦农民从地主阶级的残酷剥削下解放出来，就不可能有抗日战争以至整个民主革命的胜利。

在上述地区，土地将近半数属于地主及一部分富农。他们自己不耕种或只种其中很小的一部分，而把土地出租给无地少地的农民，榨取农民的地租以供自己享用，这种剥削和被剥削关系，表现在以下几个方面：

1. 在土地占有面积上，地主占总人口的百分之三点八，而占土地总面积的百分之十四；富农占总人口的百分之十四点七，而占土地总面积的百分之二十九；中农占总人口的百分之三十三，而占总土地总面积的百分之二十九；贫农占人口总的百分之四十七点七，而只占土地总面积的百分之二十八。[1] 由上可知，地主、富农仅占总人口的百分之十八点五，而所占土地却达百分之四十三，中农、贫农共占总人口百分之八十点六，仅占土地百分之五十七，土地集中在地主富农之手，而以地主集中为最多；中农贫农土地很少，而以贫农为最少。

2. 在土地质量上，以田地的肥瘦而言，地主富农所占土地亦较中贫农为优。以水田和旱田相比，水田产量高于旱田，从水田和旱田占有状况，以应城为例，应城地主富农占总户数的百分之二十，却占有水田百分之五十九；贫农占总户数的百分之四十三，只占有水田百分之十一。[2] 又以黄陂为例，地主富农占总户数却百分之五点三，却占有水田总数百分之五十三；贫农占总户数百分之七十八，只占有水田百分之二十八。而贫农所有的少数水田，土质很差，加以水利不便，灌溉不易，而大大影响水田的收获量。[3]

---

〔1〕〔2〕〔3〕 夏忠武："地租"，《七七月刊》1943年1月。

3. 在土地占有与土地使用上，以应城五个乡三十七个保为例，地主有二千八百零四亩土地，他们自己耕种八百五十五亩，占所有土地的百分之三十，其余百分之七十租给别人收地租；贫农自己只有土地二千五百二十三亩，而他们耕种六千零十三亩土地，占他们所有耕种土地的百分之四十二，其余百分之五十八的土地，则向地主租种。[1] 再以京山两个乡七个保为例：地主耕种的土地占所有土地的百分之三十，贫农所有土地只占耕种土地的百分之二十五，他们还需要从地主那里租种百分之七十五的土地。[2]

地主阶级利用他手中占有的大量土地租给农民耕种，通过名目繁多的地租形式，对农民进行残酷的剥削。边区地租形式，主要有下列几种：

（1）实物地租。这是中国农村中最普遍的地租形式，鄂豫边区也不例外。在产谷地区，主要的是交稻谷，也有产什么交什么的。边区地租率很不一致，再加之各地升、斗、石、亩以及地质的差异和地租以外的额外剥削，名目繁多，很难统一。现以抗战前的信南、应城、京安等县，中等土地普通年成为标准，作一大概计算。在信南每年每亩可收谷二石四斗，每亩交地租八斗六升，占总收获量百分之四十；应城每年每亩可收谷二石五斗，每亩交地租一石，亦占总收获量百分之四十；京安每年每亩可收谷二石三斗五升，每亩交地租八斗，占总收获量百分之三十四；黄冈每年每亩可收谷十五石（包括秋收后一季翻谷，即再生谷），每亩交地租五石，占总收获量百分之三十二。地租率最高的达到百分之六十七，如黄陂五区鲍家的地租，高到十租、十一租，平均是八点四五租，即种鲍家一石田（每石田平均收获量是十三石五斗四升），平均每年应交地租八石四斗五升，最高的交到十一石。[3]像鲍家这样的地租率，在边区不是个别的现象。

总的来说，减租减息前地租率高的可达土地总收获量的百分之六十以上，一般的是百分之四十至百分之五十，低的也有百分之三十二，一般年成须交纳这个数目。歉收之年，可登田看课，斟酌减少。除此之外，

[1][2][3] 夏忠武：“地租”，《七七月刊》1943年1月。

还有一种更为苛刻的办法，即不论天旱雨涝，租课一粒不得少，甚至有在半年以前就预付地租的。以上称为定额地租。还有一种不定额地租，即在秋收以后，主佃双方登场收谷，或主佃各半，或主四佃六。[1]

（2）货币地租。即将收得的农产品出卖后以所得缴纳一定的货币额。“货币地租每斗完租有的六元，有的四元”。[2]

（3）劳役地租。就是为地主服无偿的劳役。除此之外，还有一种“赶工”的办法，即地主给佃户三五亩田地，不收地租，但佃户须以大部分时间给地主做工，不给工资。这种佃户实际上是雇工。劳役地租是地主阶级对农民进行无休止剥削的一种手段，如在农忙时，农民需放弃自己的农活为地主“赶工”。地主家有红白喜事，佃户也要去帮忙。更有甚者，连地主家的家务劳动如抱小孩、洗衣服也要佃户承担，有的农民为了逃避这种苛刻的劳役，而不得不忍痛搬迁。[3]

广大农民在封建地租的残酷剥削下，再加上国民党政府的苛捐杂税，每个佃户每年收入不会超过其总收获量的百分之三十到百分之四十，甚至还在这以下，仅够敷三个月的需要，不足之数，靠卖工、借贷、纺织、养猪、卖柴、烧窑、捞鱼捕虾，采野菜维持。[4]

二、高利贷剥削

边区农民在国民党统治下除了要承担高额地租剥削外，还要忍受高利贷的盘剥。高利贷的残酷剥削，表现在以下几个方面：

（一）利率高

一般的年息皆在百分之五十以上，最高的曾达百分之一百二十。[5] 安陆县一般的是借债十元，月息有的每月一元，有的五角，

[1] 夏忠武：“地租”，《七七月刊》1943 年 1 月。

[2] “一个保的调查一巡检司乡梅保”，《七七月刊》（第一卷第四期）1941 年。

[3] 刘子厚：“礼南第二乡第一保的封建势力”，《党的生活》，第 24 期，1943 年。

[4] 夏忠武：“地租”，《七七月刊》1943 年 1 月。

[5] 吴祖贻：“动员全边区人民为粉碎敌伪统治援助全世界反法西斯运动而斗争”，《七七月刊》（第一卷第五期）1941 年 7 月 24 日。

有的二角伍分，高的每天给息一元，这是最重的剥削，俗称“翻筋斗”。[1]还有一种“典当”的高利剥削，那是由于贫苦农民借债不易，只好将生活必需品向当铺典当，以救燃眉之急。当铺在计算利息时，以九当十（即以九角称一元），一月零四天称两月，满十月算一年，年利率高达五分。[2]

（二）剥削形式，名目繁多

其主要的有：月月红（借钱十块，月利一元，如果这个月不能缴纳利息，下月即按十一元起利）；亮晚钱（如头一天借钱十元，第二天天亮就得付利一元）；鞭子钱（借债十元，债主只给九元，但按十元起息，并按十元还本）。此外还有猴子蹦听涨不听跌等名目。[3]

（三）剥削手段，残酷狠毒

不少穷人为了活命，被迫将赖以为生的田地房屋高利典押给债主，几年后利上加利，所典房屋田地转眼就归债主所有；有的债主趁春荒将钱谷借给穷人，以忙月帮工抵债，春荒所借之债与忙月帮工的工资悬殊极大（如春荒借钱十元，忙月帮工十个，而忙月工资一般是二元或二元五角）。且农忙时节，为了还债，农民不得不忍痛丢下自己土地上的农活去为债主服劳役。

在这种地租和高利贷的残酷剥削下，“广大贫苦农民过着啼饥号寒、朝不保夕的艰苦生活，生产情绪低落，“哪有心思去改良自己的农作物。如兴修水利、多施肥料，田地多用人工”？这就是“农村生产力日趋低落、田地生产量日趋减少”[4]的根本原因。这种状况如果不改变，对于发展农业生产，坚持抗日战争都是十分不利的。但在民族矛盾上升为主要矛盾的抗日战争时期，在维护农民利益的同时，还不能不兼顾其他抗日力量的利益，否则也是不利于坚持抗日事业的。为此，党中央改变了国内战争时期没收地主阶级的土地、分给无地或

---

〔1〕“一个保的调查一巡检司乡梅保”，《七七月刊》（第一卷第四期）1941年。

〔2〕〔3〕《黄冈地方史》。

〔4〕夏忠武：“地租”，《七七月刊》1943年1月。

少地的农民所有的政策，代之以抗日战争期所制定的减租减息政策。

三、减租减息实施前各阶级的动态

减租减息的土地政策的贯彻执行，涉及边区各阶层的切身利益，是一个十分敏感的问题，因而不可能不引起各阶层的强烈反响。

广大贫苦农民为了减轻沉重的负担，对党的减租减息的政策出自内心的拥护。但由于边区“经过内战，分配过土地，很多农民得到分过土地的利益。后来革命暂时遭受挫折，国民党实行消乡，分配的土地，又被地主收回去了，一些农民的田地亦被地主夺占，并屠杀革命分子，实行逮捕勒索。某些革命分子，倾家荡产，或逃亡在外，尝尽人间颠沛流离、恐怖之苦”，[1] 记忆犹新，余悸未已。因此对减租“产生两种思想：一种是对于过去分田之怀念，说过去分田好，因而对待今日共产党新四军表示亲切之感”；[2]另一方面，对于“过去失败的惨痛，难于忘却”。[3]因而顾虑重重，“所以群众一般采取观望态度，你叫他参加工作，他们说：‘我们此地是先进地方，只要别的地方搞起来，我们这里绝无问题’。他们不愿出人头地打先锋”；他们对参加农救不积极，认为参加了农救，也就等于参加了新四军工作，将来不能脱手。[4]基层干部对贯彻减租减息，也有顾虑。礼南有个保长叫王世典，“种了别人儿斗田，因为他是公务员，不得不按法令减，但减下的谷，他丝毫也不敢动用，规规矩矩放在另一个地方，准备着一旦顽军到来，就赶紧给地主送回去”。[5]农民这些顾虑如不打消，减租减息运动就无法顺利地开展，因为“农民占敌后农村中人民的绝大多数，抗战的一切，生活的一切都要靠农民”；“农村中的青年，一般都是农民的子弟，农村妇女大部分都是农民的家属；而

[1][2][3][4] 夏忠武：“礼南第一乡第七保调查研究材料”，《党的生活》（第24期）1943年1月。

[5] 刘子厚：“礼南第二乡第一保的封建势力”，《党的生活》（第24期）1943年1月。

农村工人和小商人，又多兼营农业”，[1]“如果农民发动不起来，其他群众自然难以发动。”[2]因此，提高农民觉悟，深入发动广大贫苦农民，是减租减息运动成败的关键。

至于地主阶级，对减租减息的政策也存在着十分矛盾的态度。日本帝国主义入侵，严重地改变了边区农村的经济状况，日伪“在其占领区里，首先没收了中国人民最肥沃的土地，强迫中国人民在自己的土地上，用自己的耕牛和农具替他做苦力，生产工业原料。仅在孝感城郊，没收的土地便在千亩以上。再加上汉奸匪伪，依仗敌势，到处捉人罚款和摊派勒索，逼迫富户变卖田产；甚至串通土匪，前脚去绑票，维持会便后脚到富户家活动买田。随南一个维持会的通讯员竟能因此大发其财，买田十多亩。中国人民从地主到农民，因此丧失的田地，是计算不出的。剩下那些侥幸土地未被全部没收的中国人们，不仅敌人的扫荡，打靶把他们的种子和肥料扫坏了，连他们的牛也被伪军和土匪牵跑或杀（了）吃掉，而不得不经常六个人一伙，抬起犁头去耕田。但就是这样辛苦得来的极少数的收成，除去每天每人三合米的口粮，所有余粮还得全部交给敌人。把全部粮都交出不算外，还要担负敌伪匪各方面极重的捐税。仅鄂中几县调查所得材料，捐税的名堂很多，有人头税、全留头税、猪头税、牛头税、住户月捐、良民证等。还举办田亩登记，开征抗战五年来的钱粮，自一九四一年六月以来，更增加了粮食摊派”。[3]敌人还在边区各县成立统一的合作社，强迫小商人和农民入股，把所有商业除茶馆外，都控制起来，一切日用必需品都严加封锁，禁止自由贸易，这样连人民最后一条生活小道也被截断了”。[4]由此可知，日本帝国主义的侵略不仅严重地损害了广大贫苦农民的利益，而且也损害着地主阶级的利益，除少数认贼作父的汉奸卖国贼外，大多数地主都不堪忍受日本帝国主义的压

[1][2] 吴祖贻：“动员全边区人民为粉碎敌伪统治援助全世界反法西斯运动而斗争”，《七七月刊》（第一卷第五期）1941年7月24日。

[3][4] 吴祖贻：“动员全边区人民为粉碎敌伪统治援助全世界反法西斯运动而斗争”，《七七月刊》（第一卷第五期）1941年7月24日。

迫和剥削之苦。“民族意识在他们思想中还是存在的”。[1]他们也有着抗日要求。这个要求反映在对待我党减租减息的土地政策的态度基本上是拥护的。但由于这一政策直接涉及这个阶级的经济利益，因此他们不能不存在着矛盾的心理：一方面，减租减息不可避免地要使他们在经济上受到一定的损失，这是地主阶级对减租减息不如广大贫苦农民那么自觉和积极的原因；另一方面，由于日本帝国主义的野蛮、掠夺，断丧了他们的生机，而我边区政府和军队从敌伪手中夺回了他们的田地，正确地执行交租交息的政策，保障了地主阶级的人权、政权、地权、财权，维护了他们的合法权益。个别的因执行经济法令而导致生活发生困难者，还可以得到政府的津贴。如“汉川地主在交出苏维埃失败后所没收农民原有的土地以后，生活发生困难的，一律由政府给以一定的津贴”。[2]因此绝大多数地主对减租减息政策是拥护的。当然，由于地主阶级中存在着不同的阶层，觉悟程度也存在着差异，加之深入发动也有一个过程，因此，在对待减租减息运动的态度上也是有所不同的。

地主阶级中的开明士绅，他们从民族大义出发，愿意削减租息以赴国难。同时也从实践中认识到新四军比顽军有着天壤之别，因而对边区党委所号召的减租减息运动积极拥护。黄冈很多地主自沦陷以来，未收到租。在听说“一面减租一面交租的政策后，都表示我们情愿多出公粮，希望政府帮我们收租”。[3]黄陂双合乡某地主曾对边区行署的人员说：“你们减租，反使我有了保障，往年我只收得三四十石租，今年反而多收了些”。[4]还有不少开明士绅不仅自己带头减租，而且协助政府开展减租减息。

大多数地主，存观望态度。一方面感到新四军确比顽军好，希望新四军长期坚持下来，使自己生命财产有保障；另一方面感到新四军来了以后，政治上不能像过去那样为所欲为，经济上因减租减息多少要受些损失，因而对待包括减租减息在内的政府的号召“采取缄默

〔1〕 夏忠武：“论地主在抗日中的作用”，《党的生活》（第十六期）1942年1月。

〔2〕〔3〕〔4〕吴祖贻：“动员全边区人民为粉碎敌伪统治援助全世界反法西斯运动而斗争”，《七七月刊》（第一卷第五期）1941年7月24日。

态度，不愿意显露头角”。[1]如果减租真正实行起来了，他们则随大流。这部分人在地主中占多数。对于这部分人关键在于从团结的愿望出发，多做工作，正确贯彻减租减息政策，争取他们站到拥护抗日民族统一战线的土地政策上来。

还有少数刁顽地主对减租减息抱顽抗态度，千方百计破坏减租法令，反对农民获得减租利益。他们或者造谣惑众，说什么“农民一面减租，一面又要交公粮，等于没有减”，[2]以此煽动农民对政府的不满；或者挑拨离间，说什么“去年按余谷减，今年又实行二五减，明年再对半减，后年不就要共产了吗?”[3]“减租我倒不怕，只可怜那些小地主咋过法呢?”[4]挑拨边区地主特别是小地方与政府的关系；或者威胁恐吓，说什么“五战区就要来了，谁吃了黄铜谁就要吐生漆”。“新四军走了再说”，以此威胁群众。

上述的对待减租减息问题上各阶级的态度，是边区党委制定正确的减租减息法令的重要依据。只有从这一实际情况出发，才能使制定出来的法令有生命力并得到贯彻执行。

第二节　党关于减租减息的方针政策

一、党中央关于减租减息方针政策的制定

土地革命时期，我党的土地政策是没收地主阶级的土地，分配给无地或少地的农民，消灭封建剥削的土地制度，实行耕者有其田。但在民族矛盾上升为主要矛盾的抗日战争时期，在维护农民利益的同时还不能不兼顾其他抗日力量的利益，否则也是不利于坚持抗日事

〔1〕 夏忠武：“礼南第一乡第七保调查研究材料”，《党的生活》（第24期）1943年1月。
〔2〕 许子威：“一九四二年边区民主建设之回顾”，《新民主》（创刊号）1942年。
〔3〕〔4〕 吴祖贻：“论边区减租问题”，《七七月刊》（第一卷第九、第十合刊）1941年。

业的。一九三七年抗日战争爆发，民族危机十分严重。为了团结一切抗日力量，共同抗日，中国共产党重申了一九三七年二月十日致中国国民党五届三中全会电所提出的四项保证，其中第四项：“停止没收地主土地之政策，坚决执行抗日民放统一战线之共同纲领”。[1]并将其具体规定为减租减息，以作为我党在抗日战争时期改良人民生活和解决土地问题的基本政策而列入一九三七年八月党的洛川会议所通过的抗日救国十大纲领中。

一九四〇年十二月毛泽东在《论政策》中又进一步阐述了党在抗日战争时期的土地政策，指出：“目前不是实行彻底的土地革命的时期，过去土地革命时期的一套办法不能够适应于现在。现在的政策，一方面应该规定地主实行减租减息，方能发动农民群众的抗日积极性。但也不要减得太多。地租一般以实行二五减租为原则。”“利息不要减到超过社会经济借贷关系所许可的程度。”“另一方面，要规定农民交租交息，土地所有权和财产所有权仍属于地主。不要因减息而使农民借不到债，不要因清算老账而无偿收回典借的土地。”

减租减息的土地政策在各根据地实行以后，曾获得广大群众的拥护，团结了各阶层人民，支持了敌后的抗战。但是这一政策在各根据地的贯彻是不平衡的。“在有些根据地内，还只在一部分地方实行了减租减息，而在另一部分地方，或者还只把减租减息当作一种宣传口号，既未发布命令，更未动手实行。或者虽已由政府发布了法令，形式上减了租息，实际上并未认真去做，发生了明减暗不减的现象。”[2]除此以外，“在另外若干地方，则又犯了某些“左”的错误”。[3]为此中央在详细研究各地情况之后，作出了《中共中央关于抗日根据地土地政策的决定》，并在一九四二年一月二十八日经中央政治局通过颁发。这个决定的基本精神是：

1. 承认农民（雇农包括在内）是抗日与生产的基本力量。故党

〔1〕《中共中央给中国国民党三中全会电》，1937 年 2 月 10 日，《中共党史教学参考资料》第二批。

〔2〕〔3〕《中共中央关于抗日根据地土地政策的决定》，1942 年 1 月 28 日。《中共党史教学参考资料》第三批。

的政策是扶助农民、减轻地主的封建剥削，实行减租减息，保证农民的人权、政权、地权、财权，借以改善农民的生活，提高农民抗日与生产的积极性。

2. 承认地主的大多数是有抗日要求的，一部分开明士绅是赞成民主改革的。故党的政策是扶助农民减轻封建剥削，而不是消灭封建剥削，更不是打击赞成民主改革的开明士绅。故于实行减租减息之后又须实行交租交息，于保障农民的人权、政权、地权、财权之后，又须保障地主的人权、政权、地权、财权，借以联合地主阶级一致抗日。只是对于坚决不愿改悔的死硬汉奸分子，才采取消灭其封建剥削的政策。

3. 承认资本主义生产方式是中国现时比较进步的生产方式，而资产阶级，特别是小资产阶级与民族资产阶级，是中国现时比较进步的社会成分与政治力量。富农的生产方式是带有资本主义性质的，富农是农村中的资产阶级，是抗日与生产的一个不可缺少的力量。小资产阶级、民族资产阶级与富农，不但有抗日的要求，而且有民主的要求。故党的政策，不是削弱资本主义与资产阶级，不是削弱富农阶级与富农生产，而是在适当的改善工人生活条件下，同时奖励资本主义生产与联合资产阶级，奖励富农生产与联合富农。但富农有其一部分封建性质的剥削，为中农贫农所不满，故在农村中实行减租减息时，对富农的租息也须照减。在对富农减租减息后，同时须实行交租交息，并保障富农的人权、政权、地权、财权。一部分用资本主义方式经营土地的地主（所谓经营地主），其待遇与富农同。”[1]。

上述基本精神“是我党抗日民族统一战线及其土地政策的出发点”。[2]也是我党在抗日时期处理抗日民族统一战线与土地问题的依据。

从这个基本精神出发，《决议》还就一些具体问题作了相应的规定：

---

[1][2]　《中共中央关于抗日根据地土地政策的决定》，1942年1月28日。《中共党史教学参考资料》第三批。

第一，在处理地主与农民矛盾时，双方合理要求必须满足，但双方都应服从于整个民族抗战的利益。

第二，政府法令应兼顾两方面，不应畸轻畸重。一方面要规定地主应该普遍减租减息，不得抗不实行；另一方面又要规定农民有交租交息的任务，不得抗不缴租。一方面既规定地主的土地所有权与财产所有权仍属地主，地主依法有对自己土地出卖、出典、抵押及作其他处置之权；另一方面又要规定当地主作这些处置时，必须顾及农民的生活。一切有关土地及债务的契约的缔结，须依双方自愿，契约期满，任何一方有解约之自由。

第三，减租减息实行之后，创造了提高农业生产的必要前提，而农业生产是抗日根据地的主要生产，党与政府工作人员，必须用最大力量，推动发展之。政府应举行大量的农业贷款，以解决农民借贷的困难。

第四，根据减租减息是我党土地政策的第一个方面，必须反对右倾观点，以保证减租减息法令之实行。根据交租交息是我党土地政策的第二个方面，必须向群众明确解释党的政策，使他们不限制于眼前的狭隘的利益，而应把眼前的局部的利益与将来的全民族的利益联系起来，必须劝告农民在实行减租减息之后，同时实行交租交息。

为了动员全党认真贯彻上述决定，党中央于同年二月又发出了《关于如何执行土地政策决定的指示》。这个《指示》进一步指出抗日根据地的土地政策“是我党在新民主主义革命阶段的长期土地政策，不但今天必须实行，而且还在很长时期要实行的”。把减租减息政策与初步改革封建剥削的土地制度的任务紧密地联系起来。这个《指示》还指出联合地主抗日是我党的战略方针，但在实行这个战略方针时必须有正确的策略方针。当广大群众还未发动起来的时候，首要问题是把群众发动起来，打击地主的反动倾向，在这种时候畏首畏尾，束缚群众手脚，就是右倾的错误。当群众发动起来之后，我们必须极力表示宽大，认真执行“三三制”与交租交息，认真纠正过火行动。在纠正过火行动时，必须同时注意保护干部与群众的积极性。在这个阶段，又可能出现地主阶级抓住新政策之有利于己的方面加

以扩大，和农民作斗争。这时，党必须教育干部，学会与地主作合法斗争，熟悉政府的法令，熟悉拉中有打的策略，以便对付某些奸猾地主的无理进攻。这个斗争策略充满了革命辩证法，指导着减租减息的正确进行。《指示》还对减租减息中的一些具体问题，作了必要的规定。如减租是减今后的，不是减过去的。减息则是减过去的，不是减今后的，大体以抗战前后为界限，允许农民清算旧帐，以此作为发动群众的手段，到了群众已经充分发动，才可以把双方争论的问题加以解决。从抗战以后是借不到钱的问题，而不是限制息额问题的出现而产生这个实际情况的。《指示》还指出息额是害己的政策，应该听任农村自由处理，不应规定息额。政府应以建设经费中百分之七十至八十投于农村作为对农民的低利贷款，以减轻高利贷盘剥之苦和发展根据地的农业经济。这个指示为如何开展群众性的减租减息运动指明了方向。

二、边区党委对减租减息政策的贯彻

一九四〇年八月以前，边区党委主要任务是开辟根据地，建立统一的抗日民主政权。一九四〇年八月一日，边区党委和新四军挺进纵队在白兆山九口堰召开了军政干部大会。会议除了讨论扩大部队与根据地，克服财政经济困难等问题外，还讨论了如何开展减租减息的问题。随后，各基本区根据会议精神，结合自己的实际情况，制定了减租减息的政策。如汉川县在抗日民主政权成立后，立即制定和通过了许多进步的单行法令，其中就包括有土地减租办法。

一九四二年三月，边区党委在京山向家冲召开了鄂豫边区第一届人民代表大会，大会讨论和最后通过了边区党委提出来的《鄂豫边区施政纲领》。《纲领》第十七条，根据毛泽东《论政策》和《中共中央关于抗日根据地土地政策的决定》的精神，结合边区的实际，对边区的土地政策作了明确而具体的规定。《施政纲领》第十七条规定："举办土地登记，实行减租减息，取缔私人征收湖课河课，免除湖赋。地租不得超过主要收成实收量千分之三百七十五。保证地主一

律按二五减租（按抗日前实际租额减）原则收租，佃农按此原则交租。地主不得预收地租。废除押金等额外剥削。利息由双方规定，但旧债不得超过年息二分。法律不保护高利贷。保证债主放债，债务人按此原则还本付息。旧债付息超过原本一倍者，停利还本；超过二倍者，本利停付。凡农民因借贷而典当押出之田地“期满后有随时赎回的权利”。[1]从此边区就有了结合实际的统一减租法令。当然，随着减租减息运动的不断深入发展，在具体执行《纲领》中有关土地政策时，还必须有所补充，有所修正，有所发展。为此，边区党委先后又制定了符合各个发展阶段的一些办法，如《鄂豫边区一九四二年减租办法》、《三十四年度各县减租办法》，保证了中央有关土地政策及施政纲领中所规定的土地政策的基本精神的贯彻执行。

第三节　减租减息运动的发动与深入

一、边区减租减息的发展过程

边区减租减息大致经过了进行试点；制定政策，普遍开展；组织群众大多数，深入发展等三个阶段。

（一）进行试点（一九四〇年八月至一九四一年三月）

鄂豫边区是一九三八年十月，日寇占领武汉后，我党在中原地区逐步建立起来的一块根据地。一九四〇年八月以前，党在鄂豫边区的主要任务是开辟抗日根据地，建立统一的抗日民主政权。还来不及有计划有步骤地开展减租减息运动。到一九四〇年四月，才开始有个别地方（如京山的天宝、财宝、文罗口三乡民选工作已经完成的地

[1]《边鉴》，1942年。

方），进行了减租减息。这时的减租减息还没有统一的政策。运动带有一定程度的自发性质。“民众主张不论二起谷、三起谷或以钱还租，一律减轻十分之四的田租。”[1]

一九四〇年八月一日，在白兆山九口堰召开的军政干部大会上，讨论了如何开展减租减息的问题。九月七日又在京山八字门召开了第一次军政代表大会，成立了军政联合办事处，制定和颁布了各种法令。会议对开展减租减息运动进行了讨论并作了相应的规定。[2]（1）不问什么样的地主，一律实行“二五”减租。因减租而产生的各种困难，可在其他方面予以照顾。如中小地主因减租而影响生活者，可在应征的救国公粮方面少出一些，抗属地主在优抗中照顾。大地主，可在其他方面多捐款一些，但减租仍不超过“二五”标准。（2）减租中要注意政策，做好开明士绅和地方名流等方面的工作，通过他们的带头模范作用，以推动运动的顺利进行。这次会议以后，减租减息运动便在鄂南、鄂中、鄂东等基本区先后开展起来。但是运动处在初兴阶段，发展极不平衡，“只有信南四个乡，黄陂一个乡是全乡普遍减了的。在其他广大地区，有的根本未减，有的碰到就减，碰不到就算了。”[3]就是这些已经减租的地方，“减租又多半带着浓厚的试验性质”。[4]有不可避免的试验和初兴阶段的特征：（1）深入广泛地发动群众不够。不少农民，顾虑重重，地主中的大部分人，意存观望，少数刁顽地主，进行顽抗，实际工作中存在着明减暗不减的现象。（2）政策不统一。如汉川颁布的土地减租办法规定：以土地收获量十分之二为规定租额。租佃契约在该减租办法实施前成立，其租额重于规定租额者，应照二五减租办法，减至适合于规定租额。轻于规定租额者，应从以前约定。土地出租人除收回自己租种外，不得请求解除契约，转租他人。[5]这个办法所规定的租额，超过了“二五”标准，具体执行时又就低不就高，失之过“左”。这在运动初起

〔1〕“京山东南乡减租十乡之四”，《七七报》（第四十九期）1940 年 4 月 2 日。
〔2〕“减租运动中的几个实际问题”，《七七报》（第七十六期）1940 年 9 月。
〔3〕〔4〕 吴祖贻：《论边区减租问题》，《七七月刊》（第一卷第九、第十合刊）1942 年。
〔5〕 史光：“县城沦落后的汉川”，《七七报》（第一卷第四期）1941 年。

时是不可避免的。

（二）制定政策，推动运动普遍发展（一九四一年四月至一九四三年八月）

一九四一年一月国民党蒋介石掀起第二次反共高潮，制造了震惊中外的“皖南事变”。为了反对国民党的倒行逆施，中共中央军委发布了重建新四军军部的命令，并统一整编华中部队为七个师，鄂豫挺进纵队整编为第五师。五师创建后，给日冠以极大的威胁，也是国民党顽固派对日妥协投降的一个大障碍，因而遭到敌伪顽的夹击和围攻，使我五师和边区根据地处于极端困难的境地。为了克服困难，保卫边区，必须加强党对减租减息运动的正确领导，以便团结一切可以团结的力量，渡过难关。党的正确领导的关键，在于加强对政策的领导。列宁曾经说过：“在这样革命的时代，党在理论上的任何错误和政策上任何偏差都要受到实际生活的最无情的批评，因为实际生活正以空前的速度启发和教育工人阶级。”[1]为此，边区党委为制定和完善减租减息的政策，推动减租减息普遍开展，作了不懈的努力。

一九四一年四月，边区党委在京山向家冲召开了边区第二次军政代表大会，会议决定将边区军政联台办事处改为边区行政公署，提出了保卫边区，坚持抗战的各项具体任务，其中就有“调整租佃关系”，“取缔高利贷”。会后又存政策方面作了必要的规定：

第一，重申了边区的土地政策基本精神，明确指出“我们的政策是保证地主收到一定程度的租，减少佃户的负担，改善佃户的生活。”因此，“一切在边区居住的人，必须遵照行署颁布的减租减息法令，实行减租减息，改善农民生活”。[2]

第二，规定了“二五减租”的细则：“凡四六分租或比四六还低，一律实行二五减租（减四分之一）；凡对分租或地租在对分租以上，实行千分之三百七十五减租（约三分之一）。减租计算标准应当

〔1〕 列宁：《前布尔什维克派出席统一代表大会的代表告全党书》。

〔2〕 陈少敏：“艰苦奋斗的三周年”，《七七月刊》（第六期）1941年7月。

以往年惯例所交实际地租为准，按今年实收的成谷，减成计算（如实收五成即按过去实际地租减五成，再接今年（一九四一年）减租标准减折即成”[1]“对于没有登记和完过粮的田地，农民有权利拒绝交付租课，等到地主补清钱粮后，仍应照付”。[2]“对汉奸、顺民的田，孤老的田，公田，学田，祠田，庙田都一律减租。至于这些田地的代管和坚决汉奸的田的投收权在政府，民众团体只有建议权。”[3]

第三，规定了减息的基本政策。边区党委遵循“利息不要减到超过社会经济借贷关系所许可的程度”[4]的精神，并从农民因减息借不到钱、有钱人因减息不放债的实际情况出发，对于息额没有作硬性规定，只提出：“法律不保障高利和非法借贷”。[5]“对重利剥削最凶的债主，则予以公开斗争”。[6]法律不允许以租课形式代替减息以前的高利剥削形式。为了减轻农民受高利盘剥之苦，要把工作主要方面放在办理低利借贷和各种生产借贷上面。这些规定对实现“调整租佃关系，取缔高利贷”的任务，从政策上起了保证作用。

一九四二年三月鄂豫边区第一届抗日人民代表大会所通过的施政纲领第十七条，则是对已经实行的减租减息政策方针，以纲领的形式肯定下来，使它具有纲领性的权威和法律的约束作用。

为了使纲领第十七条的基本原则得到正确的贯彻，以及进一步完善减租减息的各项具体政策法令，边区党委专门组织力量，进行了深入的调查研究，以便发现问题，及时研究并加以解决。

经过调查，发现了以下问题，并经过研究提出了初步解决的意见。

第一，关于货币地租问题。抗日战争爆发后，法币贬值，谷价上涨，业主纷纷要求改收实物或增加货币地租。后对汉川、襄西抗战前后货币地租变化的情况作了对比，发现抗战前后，租佃同样数目的田

---

〔1〕〔2〕〔3〕 吴祖贻：“动员全边区人民为粉碎敌伪统治援助全世界反法西斯运动而斗争”，《七七月刊》（第一卷第五期）1941 年 7 月 24 日。

〔4〕 《毛泽东选集》，多卷本 725 页。

〔5〕〔6〕 吴祖贻：“动员全边区人民为粉碎敌伪统治援助全世界反法西斯运动而斗争”，《七七月刊》（第一卷第五期）1941 年 7 月 24 日。

（以四亩为例），战前除交租外，还可维持一人最低生活费用，且有盈余；战后除交租外，维持一人生活费用，尚不够三百四十九元。如按地主的要求处理，则对农民不利，于是提出解决的意见："如货币地租随作物之涨价而上涨者，仍应实行减租；如未随作物上涨者，则可按当地具体情形主佃双方协议，重新议定"。[1]

第二，力役地租，也是一个有争议的问题。经过调查研究，规定为："应一律废除力役地租，双方以契约改订为谷物或钱租，以便按'二五'原则实行减租，地主需要劳力者可按双方自愿及互惠原则成立新的雇佣契约。"[2]

第三，退押的折算问题。边区减租法令规定有废除押金及额外剥削，但在如何折算上有争议，因为法币贬值，如果以钱退押，则佃户受损。为了保障佃户利益，提出"按付押金时的市价，折谷退还。其他额外剥削（大礼小课及漏课钱），一律按战前原租定额照二五减程原则减折后，再扣除塌课或让课之数目"。[3]

根据上述意见，边区行署又制定并颁布了《鄂豫边区一九四二年减租办法》。《办法》重申了中共中央的土地政策及鄂豫边区施政纲领第十七条的基本点，保留了一九四一年所制定的政策的合理部分，并将前述经过调查研究所得出的各项合理意见反映进去。使这个《办法》更符合实际，是对施政纲领第十七条的补充。

经过这一阶段的努力，边区减租减息运动取得了一定的成绩。它减轻了农民的负担，据不完全统计，"仅鄂中地区，减去谷一万二千二百余石，受惠佃户一万九千六百二十一户。信南减租，每个佃户可得一斗二升（大斗），确实改善了农民一些生活"。[4]从而调动了农民抗日和生产的积极性。还团结了地主阶级的大多数，那些心存疑惧，不敢收租或真正无法收租的地主，由于受政府的保护，有了可靠的收入，因此改变了对政府的态度由怀疑变为拥护，乐于让步，同意减租了。由于在减租过程中正确地解决了主佃双方退佃、退押等纠

[1][2][3] 吴祖贻："论边区减租问题"，《七七月刊》（第一卷第九、第十合刊）1942年。
[4] 夏忠武："回顾与前瞻"，《七七月刊》（一月号）1943年1月。

纷，使主佃双方和衷共济，一致抗日。总之，由于加强了党对政策的领导，“把国民政府谈了许多年的减租问题，真正见之于实施了。于是大大地减轻了农村中封建性的剥削，并相当地改善了穷苦农民的生活；同时又在保证交租的政策下，照顾了地主阶级的利益，在互相让步、互相尊重对方权利的情形下，更加深了各阶层间的团结，提高了抗战热情。”〔1〕

这一阶段的减租减息，也存在着一定的问题。主要是运动发展不平衡，减租减息范围还不够普遍，深入发动群众，特别是对广大农民群众的发动不够，没有使减租减息运动成为群众自觉的行动。除此之外，阶级斗争在此时也出现了新的动向。由于边区党执行抗日民族统一战线的策略方针，经济上保存了地主若干权利，政权上实行了“三三制”，团结了大多数地主共同抗日，这是十分正确的。但因此也给少数刁顽地主造成了一种错觉，他们把我们党团结抗日的政策看成是我党对他们的妥协和退让。他们抓住政策对他有利的方面和他们在边区的社会地位，向农民发动进攻。上述这些问题。在边区党委领导下，及时地得到正确解决，推动减租减息运动沿着党的政策轨道向前发展。

（三）深入开展减租减息（一九四三年九月至一九四五年）

一九四三年十月一日，毛泽东为中共中央写了《开展根据地的减租减息、生产和拥政爱民运动》的党内指示，〔2〕嘱令各根据地领导机关检查减租政策的实行情况。指出：“凡未认真实行减租的，必须于今年（一九四三年）一律减租。减而不彻底的，必须于今年彻底减租。”在工作方法上也作了具体指示，指出：“减租是农民群众的斗争，党的指示和政府法令是领导和帮助这个群众斗争，而不是给群众以恩赐。”“政府应当站在执行减租法令和调节东佃利益的立场上”。“放手检查几个乡，发现模范，推动他处”。指示为下一段的减

---

〔1〕 许子威：“一九四二年边区民主建设之回顾”，《新民主》（创刊号）1943 年。

〔2〕《毛泽东选集》，多卷本 865 页。

租减息运动指明了方向。

正在这时（一九四三年九月），中共中央华中局派郑位三到鄂豫边区领导工作。郑位三在分析了边区斗争形势后，指出："前一时期，把重心放在推广游击区，扩大游击队的发展方向是对的，取得的成绩是巨大的。"[1]现在根据斗争需要，"边区党委反攻前的斗争方针应以巩固为主"。[2]

边区党委根据中央指示和郑位三的意见，于一九四四年二月十七日召开扩大会议，发出《赶紧组织人民大多数的决定》，号召全党动员起来，为秋收前组织二百万群众而斗争。组织人民大多数是为了团结一切抗日力量。其重点是组织发动农民实行减租减息，搞好农业生产，支援抗战，把根据地建设成将来实行军事反攻的战略后方。上述三者又以减祖减息为关键，只有通过减租减息减轻了农民的负担，才能充分地调动农民搞好农业生产，支援抗战的积极性。

扩大会议后，边区党委号召主要干部亲自动手，直接下乡领导这一工作。并以礼南的安来乡和安应的槎山乡为试点，以便取得经验，然后全面推广。在礼南，陈少敏兼任安来乡乡长。槎山乡由地委书记挂帅，组织工作队，帮助试点，开展工作。四月，边区党委召开了各试点乡工作总结会议，交流了经验，此后，组织人民大多数即进入普遍发动阶段。

鉴于以往农民群众对减租减息存在顾虑，群众还未充分发动起来的经验教训，这次组织人民大多数，实行减租减息时，采取了以下一些措施：

第一，改变了过去靠行政命令，"恩赐"减租的做法为依靠"黄泥巴腿"自己带头减租。采取自下而上、层层发动的办法，一方面召开各种代表会议，大力宣传党的减租减息政策。同时干部深入群众，扎根串联，发动农民群众自己带头减租，反对包办代替。

第二，对违法地主，进行说理斗争，为广大农民撑腰。争取开明

〔1〕 郑位三："关于中原工作的初步总结报告"，《安陆革命史资料选编》，1947 年 2 月 24 日。

〔2〕 "槎山组织人民大多数试点工作"，《安陆革命史资料选编》。

地主，表彰那些在减租减息中起模范带头作用的地主，借以争取多数，孤立少数顽固地主。

第三，组织评租委员会、秋收委员会等群众性的组织，民主看成验课，改变过去地主看租完课的做法。过去地主看租，一般估产过高，农民吃亏。改为民主看成，协商议租后，公平合理，互不吃亏。

第四，改麦租为谷租，免除农民受麦荒之苦，改多种剥削形式为单一的交纳租课，农民除向地主按“二五”标准交纳租课外，不再承担各种额外剥削。

第五，减息问题，仍按一九四二年二月《中央关于如何执行土地政策决定》的指示，自由处理，不规定息额以及举办低利贷款的精神办理。

经过上述艰苦细致的宣传和组织工作，使减租减息在鄂豫边区广大地方普遍而又深入地开展起来了。到一九四四年底，边区所属各县都先后开展了减租减息运动，连在长江以南的华容、石首、公安也开展了减租运动。

一九四四年十一月二十日，边区党委在礼南姚家山召开了农民救国代表大会。陈少敏作了《一年来农救工作的总结报告》，吴祖贻作了《秋收减租总结》，这两个报告，总结了边区的减租工作，肯定了成绩，指出了缺点。大会还交流了减租斗争和组织农救会的经验，通过了减租决议，所有这些为推动减租减息运动顺利进行起了很好的作用。此后边区的减租减息运动，便进入正常的经常性的发展阶段。

二、边区减租减息的成绩

边区的减租减息运动在党中央和边区党委的正确领导下，经过试点进行、普遍开展、深入发动三个阶段的艰苦斗争，取得了很大的成绩。

第一，通过减租减息，改善了广大贫苦农民的生活，提高了他们的抗日和生产积极性。鄂豫边区自开展减租减息以后，农民生活有了很大的改善。以安应为例,[1]全县三十六个乡，全部减租的有三十个乡，据这三十个乡的统计，减租业主二十六户，共减租谷二万零六百多石，得益佃户一万六千二百八十二户，根据六个乡的统计，共退押金一万八千六十九元，退押金业主九百零五户，取回押金的佃户二千二百零户七，减租后农民生活得到提高，据五个乡的统计，贫农赶上中农生产生活条件的四百九十六户，中农赶上富农生产生活条件的七十六户。

农民生活改善后，生产积极性空前高涨，减租后的边区到处掀起精耕细作，修塘挖堰，植树造林的热潮，一九四〇年春到一九四一年夏，全边区植树十万株，天汉修建了八十六个垸子。安陆、孝感、应城等县把开垦荒田作为经常的任务，修堤挖塘等建设事业成了老百姓的日常工作，特别是一九四二年冬天开始到一九四三年结束的“千塘百坝”运动，其规模之大，收益之多是很突出的。“安应今朝花满县，星罗百坝与千塘”。老秀才激情满怀的诗词，为这壮观的场面作了生动的写照。

农民生活改善后，大大提高了抗日的积极性和拥军拥政的热忱。减租减息后的幸福生活，使农民把自己的命运与争取抗日战争的胜利紧密地联系起来，积极地投入抗日支前的热潮中来。在边区出现了不少妻劝夫、父送子参加新四军，家家户户支前忙的感人场面；交公粮时，开展竞赛，你追我赶，惟恐落后。群众把好米交公粮，自己吃芽谷米、碎米、坏米。大山寺战斗中，礼南农民日夜不停抬伤兵，陂安南群众在龙王山战斗中，女的送饭，老头抬着担架到处找伤兵，这是过去所没有过的新鲜事。这说明正确的政策，一旦见之于实践，就会成为巨大的物质力量。

第二，团结了一切抗日力量，巩固和扩大了抗日民族统一战线，保证了边区建设事业的发展和抗日战争的胜利。

由于严格地执行了交租交息的政策，大大减少了减租减息的阻力，使减租减息得以顺利开展，不少开明士绅主动减租。如减租运动开始时，农民还有顾虑，按实送租，不敢减交。京安崇新乡开明士绅

〔1〕 李雨膏：“政策检查在安应”，《党的生活》（第二十四期）1943 年 1 月。

周章甫知道后，对农民说："你们按实交租，是你们不执行政策；我照实收租，是我不执行政策"。并主动将多余租谷退给佃户。还有桑树乡开明士绅周柏溪，佃户接他去看课，他不去，却在自己田边转了一转，心中有了底；佃户如果报高了，他就说：你报高了，我自家种的田，不会比你们差，也只有那么个收成，要改低一点。交租对他一定要照"二五"减了之后才收。他对佃户说："政府的法令，我们都要遵守。"〔1〕开明士绅的模范行动，对整个地主阶级起着良好的影响作用，推动了地主阶级的大多数接受党的减租减息政策，使减租得到顺利推行。

地主阶级比较自觉的行动，对打消农民的顾虑，也起着良好作用。长期以来封建地主阶级的统治以及刁顽地主对减租运动的造谣破坏，使农民顾虑重重，不敢积极行动起来。地主阶级在接受减租减息所表现出来一定的主动性，特别是其中一些头面人物的模范带头作用，有利于消除农民的顾虑。"一般民众，均为所感，而奋起响应"。〔2〕农民说："现在政策好些，连爹们都出来领导减租，我们还怕什么?"〔3〕这样减轻了农民的后顾之忧，有利于农民积极投入斗争。

由于边区政府执行了对于一般伪军政人员和反共但不降日的地主富农的宽大政策，不仅争取了他们及其家属悔悟归来，（如礼南安来乡四保反共逃离家乡的地主严××，当他得知党的宽大政策的精神之后，要他留在家乡的女儿四处求情，保他父亲回来。）〔4〕而且进一步巩固了与这一阶层有着千丝万缕联系的开明士绅的团结。如地主士绅得知党在边区的政策精神后，在士绅联席会议上，交头接耳地说："新四军政策，如果能实行，神鬼钦伏，何况我们是人?"〔5〕正是由于边区的地主阶级对于边区政府包括交租交息的土地政策在内

〔1〕 王洪新："减租减息在安陆"，《安陆革命史资料选编》。
〔2〕 "安陆通讯"，《七七报》（第七十五期）1940 年 9 月 2 日。
〔3〕 吴祖贻："论边区减租问题"，《七七月刊》（第一卷第九、十合期）1942 年。
〔4〕 吴祖贻：《秋收减租总结》1944 年 11 月。
〔5〕 李雨亭："政策检查在安应"，《党的生活》（第二十四期）1943 年 1 月。

的抗日民族统一战线的各项政策的信赖，从而赢得了广大爱国地主和爱国民主人士对我边区政府的拥护和支持。不少知名人士参加了我抗日民主政权的工作；有的人持枪来归，和边区党共同领导了边区的武装斗争；有的在经济上支援边区建设事业，以实际行动和我党团结一致，共同抗日，为民族解放和根据地的建设作出了有益的贡献。他们中有的人还加入了中国共产党，成为无产阶级的先进战士。

第三，边区的减租减息运动，实际上也是广大农民翻身求解放的运动。广大农民不仅生活上得到了很大改善，而且政治地位也大大提高。农民群众在党领导下，成立了自己的组织——农救会。农救会成了农民行使自己权力的有力工具。原先少数自耕农不相信农救会，“抱翘脑壳（地主）的粗腿”，经过减租减息，看到农救的力量，都参加了农救会。原先有个别不敢沾边的地主富农也跑来抱“农救”的粗腿。安应有个富农为了参加农救会，自愿把自己种的佃田拨几斗给别人种。〔1〕“过去有事总是找先生们，现在先生们也要找农救会了”。〔2〕过去地主可以随便退佃，现在不能无理退佃了。安陆地主周遗直，无理要求佃户退庄屋，佃户不敢争，只好被迫搬迁。后来农救会出来说话，周自知无理，只得认错。〔3〕农救势力的增长，显示着广大贫雇农在农村优势的确立，从而改变了农村阶级关系，改变了长期以来“有么事都是黄泥巴腿求人家，那有人家求我们”的那种被统治局面，广大贫苦农民成了农村中的主人。

第四节　减租减息中的斗争和胜利

一、减租减息中的斗争

减租减息虽然取得了巨大的成绩，但也不是轻而易得的，而是经

〔1〕〔2〕〔3〕 吴祖贻：《秋收减租总结》，1944年11月。

历了长期反复的斗争过程。这个斗争过程大致与整个运动发展过程相一致。

当减租减息运动还处在试点阶段时，广大群众还没有发动起来，除少数开明地主外，大多数地主观望等待，少数刁恶地主对减租持顽抗态度。在这时的斗争策略，应该侧重在打击封建的土地剥削制度，以达到发动群众的目的，政策可以激进一些。一九四零年天宝胜等乡减租时，“不论二起谷、三起谷或以‘钱’还租的，一律减轻十分之四田租”。汉川减租办法规定：“以土地收获量十分之二为规定租额，虽然有点“左”，但由于运动处在初举阶段，矫枉过正，在所难免，它可以达到发动群众的目的。但是这个阶段不宜“拖得过长”，[1]否则将“迫使地主阶级跑到敌顽方面，坚决反对我们”，[2]“以致妨害抗日战争与根据地的巩固”。[3]

根据这一精神，边区党委陆续地制定了统一的政策，在经济上严格执行交租交息的政策，政治上实行“三三制”，吸收了不少党外人士、开明地主参加了边区的政权工作。从而团结了地主阶级，推动了减租减息的开展。但在此时，却出现了少数刁恶地主，“抓住政策之有利于他的方面，加以扩大，和农民作斗争”。[4]再加上减租进入严格政策阶段，“各阶级的争议只能采取民主合法的说理方式去进行”。[5]从而不可避免地使减租减息的斗争出现了新的动向。

有的地主利用自己的社会地位，欺压农民，对抗减租减息运动。由于实行“三三制”，有的地主阶级的代表人物进入了边区各级政权的领导班子后，他们拿着民主政府的牌子，到处招摇撞骗，说什么：“我认得李师长，陈大姐，位老（指郑位三同志）也见过”。[6]“这个法令是我们提的意见”。[7]“民主政府还是听我们的话”。[8]参议会开会时，用轿子、马把地主士绅请上山开会。他们便以此来抬高自己的身份，欺压农民，破坏减租减息。

---

〔1〕〔2〕〔3〕〔4〕〔5〕 “中共中央关于如何执行土地政策决定的指示”，《中共党史参考资料》。

〔6〕 陈少敏：《一年来农救工作的总结》，1944 年 11 月。

〔7〕 吴祖贻：《秋收减租总结》，1944 年 11 月。

〔8〕 陈少敏：《一年来农救工作的总结》，1944 年 11 月。

他们利用农民不懂政策法令和思想有顾虑等弱点，对农民散布谣言进行恐吓。说什么："新四军要走了"，将来"谁吃黄铜谁吐生漆"。有的地主（安陆周遗直）对佃户软硬兼施，说"我是边区参议员，法令是我制定的。以后新四军走了，我们还要共事，现在还是以不翻脸为好"。还说："如果减得我的钱不够用，你们不是要我去当汉奸吗？"[1]

他们还利用农民不熟悉政策法令的弱点，曲解政策法令，钻政策法令的空子。安陆地主周遗直对农民说："政府有法令保障佃权，但没有规定保障庄屋"。[2]逼迫佃户退庄屋，农民胆小不敢争，只好忍气搬迁。

有的地主不敢公开对抗减租减息法令，于是变换手法，另辟剥削蹊径，在看成定课时，私自先看，故意报高；或好田坏田一拉平，评租时佃户明知估成不确，但也不好反对。有的地主不收租谷，要整成米送去，在谷租之外，又无偿地剥削了农民的劳力。在减息问题上，债权人慑于政策，不敢使用过去流行的高利剥削形式（如猴子蹦、跨子账），而以租课形式出现，搞什么发谷账，押干租，进行变相的高利剥削。

所有这些说明随着减租减息的深入开展，斗争也就更加尖锐复杂，不打退不法地主的猖狂进攻，党在抗日战争时期的土地政策就无法贯彻，抗日民族统一战线也就得不到巩固和发展，抗日战争就不能胜利进行。因此，这一阶段的中心问题是教育干部和群众，"学会与地主作合法斗争的本领，熟悉政府法令，熟悉拉中有打的策略"，[3]以对付不法地主的无理进攻。

二、马克思主义斗争策略的具体运用

针对不法地主的猖狂进攻，边区党委根据马克思主义的策略原

[1] 顾文华："回忆《七七报》在安陆"，《安陆革命回忆录》第一辑。

[2] 吴祖贻："秋收减租总结"，《目前局势与农救工作》，1944年11月。

[3] "中共中央关于如何执行土地政策决定的指示"，1942年2月。《中共党史参考资料》。

则，结合边区实际，领导广大群众，开展了针锋相对的斗争。

（一）深入发动群众，使减租减息成为群众的自觉行动。广大农民群众长期受封建地主阶级的压迫和剥削，特别是在阶级斗争出现新动向的时刻，农民不免顾虑重重，“隔墙丢簸箕，不知那一边”，对翻身求解放缺乏信心，行动上畏缩不前。没有对农民的深入发动，就不可能有减租斗争的胜利开展。为了深入发动农民，边区党委着重抓了以下工作：

1. 加强对农民的教育，以提高农民的觉悟。对农民进行阶级教育，让农民知道：“减租不是光为几石谷，而是为了黄泥巴腿出头翻身”。不是单纯的经济斗争，而且也是改变广大农民的政治地位的政治斗争。是在抗日战争特定的历史条件下，反封建的具体表现，对农民反复讲形势，摆斗争成果，讲阶级力量对比的变化，以增加农民的斗争信心；对农民进行政策法令的宣传教育，帮助农民掌握与不法地主作合法斗争的武器。

2. 结合农民切身利益去发动农民。农民是最重实际的。他们除了用耳朵去听党的政策外，更多的是用眼睛去看党的政策。因此要抓住绝大多数群众的迫切要求，去发动群众。当时群众最迫切的要求，就是减轻封建地主阶级对他们的剥削。天汉地区在发动群众进行减租斗争时，对佃户说：“你们今年田都旱死了，地主还要你们完课，不给还把狠你们看，现在政府有命令减租，你们可少完几多呵！”，“你们现在没有吃的，假若把课一减，就多得几天的粮食”。“地主平时对你们刻薄，开会的时候你们可以讲，叫他们以后不敢再压迫你们穷人”。〔1〕黄陂区斗争一鲍姓地主时，农救会结合斗争过程，制定适应斗争情况、关系到佃户切身利益的斗争口号，进行鼓动。在动员时，提出“退谷好过年”。“今年退谷要退“一千石，值钱三十万”。在去地主家退租的路上，提出：“一齐走好，人多就不怕；”集合时提出：“今天一定要退一千石”；民主斗争时提出“给我们清账，政府负责”。“请老板做饭吃”。“要老板帮助修塘堰”。退谷时提出：

〔1〕“天汉某保减租斗争”，《党的生活》（二十一期）1943 年 4 月。

“今天一定要退完，不退完不走”；“不要瘪谷，不准用小斗”。[1]由于这些口号联系着农民切身利益，农民感到亲切实在，因而鼓舞了斗志。对于那些只对少数人直接有利，但为广大群众所拥护的要求，也要发动群众起来为实现这一要求而斗争，如反对高利贷，在每一实际斗争中，所反对的只是一个债主，从中直接获利的也只有几家债户。但由于这个斗争的目标，是反对高利贷，是所有被高利贷剥削的债户的斗争方向。对这样的斗争，“比较易于提高觉悟”，[2]也大力发动群众去做。

（二）从团结的愿望出发，通过斗争，达到新的团结。对于那些违抗减租法令，破坏减租减息的少数刁顽地主，要进行必要的斗争。不打击不法地主的猖狂进攻，农民群众不能发动起来，统一战线也有破裂的危险。但是在民族矛盾成为主要矛盾的历史条件下，为了团结地主阶级抗日，在开展必要斗争时，要注意斗争策略，以利于通过斗争，达到新的团结。边区党委在这方面做了很多工作。

1. 打击首恶，教育多数。用群众自己的话来说：“打得头招开，二招不得来”。安应有个破坏法令的不法地主，民愤极大，秋委会组织群众对他进行了公开说理斗争。通过斗争，不仅教育了他本人，表示要悔改，而且促使其他把收成看高了的地主，主动要求减低。对这些主动要求减低的地主，秋委会表示了热情的欢迎。[3]从而达到团结了多数，孤立少数的目的。

2. 掌握合法斗争的本领，在斗争中以理服人。亦即是“学会拿大理，找证据，弄得违法的人无话可说。”在减租中，少数不法地主，曲解法令条文，反对减租减息。边区党委便通过大小会议、报刊、杂志大力宣传“二五减租”的合法性，说明“二五减租”是国民党明文规定的，早在民国十五年就规定减轻佃户佃租百分之二十五，后来在民国十九年、二十六年、二十八年多次作了规定“在边

〔1〕《黄陂鲍家退租鼓动口号》。

〔2〕吴祖贻：《秋收减租总结》，1944 年 11 月。

〔3〕吴祖贻：“动员全边区人民为粉碎敌伪统治援助全世界反法西斯运动而斗争”，《七七月刊》（第一卷第五期）1941 年 7 月 24 日。

区实行减租是认真贯彻国民政府法令，是合理合法的”。[1]因为拿住了大理，使不法地主无懈可击，只好在法律面前低头。

3. 斗争要有节制，注意适可而止。斗争不法地主的目的，是为了通过斗争达到团结他们抗日的目的。因而在斗争取得胜利后，要适可而止，不要无限制的斗下去，“对那些斗了一下即行转变的人，还是我们的朋友”，[2]“应该帮助的还是要帮助他”。[3] “礼南有个不法地主，斗了以后，晓得农会有狠气、有道理、有力量，他便变老实了，在交公粮时他交得很好，农救会给了他奖励。之后，他很高兴，再也不破坏了，而且还帮助我们推动减租工作。”[4]

由于边区党委正确地掌握了斗争策略，从而打击了少数刁顽地主的反动气焰，团结了广大地主阶级，保证了减租减息的顺利进行，巩固和发展了抗日民族统一战线，为抗日战争的最后胜利，奠定了深厚的基础。

边区减租减息工作，虽然取得了很大胜利，但也存在着不少缺点，但是，这样一个涉及边区绝大多数人切身利益的群众运动，环境复杂，斗争尖锐，要求运动的发展没有任何缺点是不可能的。关键问题在于边区党委能及时总结经验教训，不断改进工作，从而保证了伟大的减租减息运动，在边区开花结果，为巩固边区抗日民主政权，坚持抗战胜利，起到了很好的战略作用。

---

〔1〕 吴祖贻：《论边区减租问题》。

〔2〕〔3〕〔4〕 吴祖贻：《秋收减租总结》，1944年11月。

第五章 农　业

鄂豫边区和五师长期处于敌顽夹击与孤悬敌后的特殊困难境地，但却获得了极大的发展，在抗日战争中发挥了巨大的作用，其根本原因是坚决执行了党中央的正确路线。这不仅表现在军事斗争和政治斗争上，而且也表现在经济工作中。在经济工作中，发展农业生产又具有特别重要的意义。“民以食为天”。边区和五师的存在和发展，离不开粮、棉等最基本的物质生活资料。陈毅曾指出；“敌后经济供给的重心应放在发展生产上面。只有在人民中间的生产量大规模增加之后，财政问题才能得到完全解决”。“解放区的正规的群众运动路线是，从减租减息，改造乡区政权，组织农民，组织自卫军及民兵，到发展大生产运动。”[1]进行经济建设，特别是发展农业生产，这是党中央正确路线的一个重要内容，也是鄂豫边区和五师长期坚持并获得发展的根本经验之一。

边区的农业生产在自然环境和社会条件方面都具有许多有利条件，但也存在不利因素。边区党和政府领导农业生产的过程是充分发挥这些有利条件和克服不利因素的过程。边区农业生产的发展过程大致可划分为三个阶段：第一阶段从一九三九年夏到一九四一年夏，是恢复边区的农业生产的阶段；第二阶段从一九四一年秋至一九四三年夏，是加强领导，农业生产获得较大发展阶段；第三阶段从一九

〔1〕《中央对五师财经工作的指示》，1944 年 12 月 18 日。

四三年秋至一九四五年夏，持续开展大生产运动，农业生产进一步发展阶段。上述三个阶段发展过程中，形成了边区发展农业生产的一系列具体的方针政策，诸如保护人力物力的政策、互助合作的政策、奖励劳动英雄的政策等。通过执行正确的政策，提高群众的生产热忱，调动了他们的劳动积极性。

不断改进农业技术，兴修农田水利，对发展农业生产有着重要作用。边区党和政府十分注意引导农民兴修水利，精选良种和适时播种，加强田间管理，积极施肥等项工作。在这些方面也积累了不少经验。

边区的农业生产从广义上说还包括家庭副业，以及林业、牧业和渔业。农、林、牧、副、渔各业相辅相成，构成边区整个农业经济。

第一节　鄂豫边区农业生产的发展

一、发展农业的条件

在自然环境方面，边区地处湖广盆地，北部山脉纵横，南部地势平坦，土壤和气候适宜耕种，物产丰富，历来是我国盛产米、麦、棉花等主要农作物之地，也生产菜籽、黄豆、玉米、小米等杂粮。全区以洪湖、襄河地区最为富庶。北部山岳主要有大悟山、木兰山、大洪山和桐柏山，除农作物之外，还提供竹、柏、桐、茶、栗、橡、槐、柳等林木资源，南部有襄河、涢水、准水、宋河、漳水、环水、潢水、倒水、武潮水管河流，还有洪湖、泽源湖、自露湖、长湖、刁叉湖、强渡湖等湖泊，除盛产鱼、虾、菱、藕、芦苇等水产和野鸭等飞禽外，还为农业提供了良好的灌溉条件。一般地说，边区农业生产的自然条件是好的，只要汉水不破堤和不发生虫旱灾害，就能有大批发产品出境，即使发生局部或一般灾情，也能维持自给有余。由于国民

党长期腐败统治和日本侵略战争的破坏，水利设施多年失修，以致许多地方抵不住天旱和水涝，往往出现山乡丰收，而湖区水灾；湖区丰收，而山乡干旱；有时甚至山区天旱无雨，而江河水泛入湖区，山乡湖区同时遭灾，严重削弱了农民的生产能力。

在社会条件方面，“我们有广大的抗日人民和广大的乡村，有强有力的抗日民主政权和正确的财政经济政策，更有善于领导全体抗日人民作斗争的久经锻炼的先进政党，这些都是我们最可靠的胜利保证”,[1]这些也是发展边区农业生产的极有利条件。但也存在不利因素，主要是日军的烧杀掠夺所造成的对生产力的破坏。日军在“扫荡”中，抢走大批耕牛，焚烧房屋、农具、种籽，加上日伪顽的拉伕子、抓壮丁，都直接造成农民从事生产的困难。日伪顽的骚扰破坏，使农民生命财产受到威胁，生产情绪极不稳定。有时候农民一连几天“跑反”，顾不上料理田地，也无心作长期打算，减低了对兴修农田水利、加强田间管理等的兴趣。

二、发展农业生产的过程

在上述自然环境和社会条件下，边区农业生产经历了由恢复生产到发展生产的艰苦过程。

第一阶段：一九三九年夏至一九四一年夏。

这两年是边区的开创时期。在这期间，边区党委即已注意农业生产的问题，并做了大量工作，使农业生产得到恢复。

边区游击战争开展较晚，抗战以前的经济建设被敌伪、土匪破坏无余。游击战争开展和边区民主政权建立以后，才重新开始恢复和建设边区的各种农村经济事业，实行抗战建国的财政经济政策，初步地进行了新民主主义的经济建设。其中，保护农业的发展，是边区民主政权的一贯方针。为贯彻这一方针，边区党和政府首先号召动员群众

〔1〕 许子威：“论鄂豫边区的财政经济工作”，1941 年 7 月，《七七月刊》（第一卷第七期）。

“把农村手工业、纺纱织布恢复，把荒废了的田耕起来”。[1]同时，采取了两项重要措施，一是实行一般救济，一是优待抗属，解决恢复农民生产所面临的具体困难。

一九四〇年八月，边区召开财经工作会议，总结两年来的经验教训，提出了“提倡生产”的口号，要求各级负责同志“为实施新民主主义经济建设而斗争”。[2]十月进一步提出兴修水利、开垦荒田以促进农业生产发展的口号。一九四一年四月，边区召开第二次军政代表大会，认真讨论了中央关于必须发展农业生产等方面的指示，把“动员民众普遍参加生产列为党和政府的重要任务”。[3]会后颁布了《边区经济工作一年计划大纲及其实施步骤》，并在全边区组织领导了第一次气势宏伟的春耕生产运动，推动了水利和垦荒两项建设。例如，云梦一个乡兴修一水利工程用工一万零七百八十个，可灌田一千一百四十七石，[4]占全乡总田地数四分之一。安陆挖塘灌田六七百石，京南三个乡开荒六百石，京山开荒四百余石。汉川成绩最著，开荒六万八千余亩，可增产粮食三十四万石。[5]机关部队也积极投入了春耕生产，开展“一斗田”运动。

到一九四一年夏，边区农业“已恢复战前状态”，[6]在生产和生活上出现了前所未有的兴旺景象，开垦荒田和修堤挖塘已成为老百姓的日常工作。物价开始下降，边区每一斗米价仅十元，比敌占区武汉的米价低一半以上，不到大后方重庆的米价的六分之一。据信阳、孝感、安陆、应城的不完全统计，自一九四〇年起，每户农民增加了

---

〔1〕 陈少敏：“艰苦奋斗的三周年”，1941 年 7 月，《七七月刊》（第一卷第七期）。

〔2〕 许子威：“论鄂豫边区的财政经济工作”，1941 年 7 月，《七七月刊》（第一卷第七期）。

〔3〕 许子威：《鄂豫边区军政联合办事处第二次军政代表大会上的报告》，1941 年 4 月 4 日，《七七月刊》（第一卷第三期）。“中央指示”系指 1940 年 11 月《中央关于建立与巩固华中新根据地的指示》。

〔4〕 边区按传统习惯计算土地面积，有的地方论石不论亩，一石田相当 4—5 亩，例：安陆，每石田合 4.32 亩。大悟，每石田合五亩，一石田为十斗田，一斗田为半亩计算，以 60 平方丈为一亩（参看逸民：《鄂豫边区两年来的财政经济工作》），1941 年，《七七月刊》（第二卷第四期）。

〔5〕 襄河地区每石为 200 斤，鄂东每石为 270 斤（参看张执一：《五师财经报告》1945 年 3 月）。

〔6〕 陈少敏：《艰苦奋斗的三周年》，1941 年 7 月，《七七月刊》（第一卷第七期）。

一头猪、六只鸡。随着农业生产迅速恢复，边区人民生活有所改善，边区因此更加稳定和巩固。

第二阶段：一九四一年秋至一九四三年夏。

在这个阶段，发展农业生产被列为边区党的中心工作。由于加强了具体领导，开展了群众性的大生产运动，农业生产获得了较大发展，边区和五师度过了最艰难的岁月。

一九四一年秋，边区遭遇特大旱灾，除汉川、汉阳两县丰收外，其余各县大部歉收，局部地区甚至颗粒无收。一九四二年二月至十月国民党顽固派掀起了第三次反共高潮，用十万兵力进攻我边区。严重的灾荒，加上敌人的经济封锁，和国民党的加紧反共，边区人民生活和部队供给都发生了严重困难。一九四二年一月，边区党委及时作出了《关于经济建设的决定》，明确指出各级领导机关要把领导农业生产“当作中心工作”，“要以过去领导群众斗争之精神领导今天经济建设事业”。三月间，边区举行第一届人民代表大会，通过了《鄂豫边区施政纲领》，其中规定：“实行抗战经济政策，以求达到边区经济上之自给自足，自力更生”。大会还通过了迅速开展春耕运动的决定。边区党委原拟于七月一日召开党员大会，但为全力投入生产工作，决定停开，要求党委委员分头深入基层加强具体领导，与广大军民一道同灾荒作斗争，同敌顽的围攻作斗争。

边区军民一边战斗一边坚持生产。在打退顽固派进攻后，行政公署立即制定和颁布了《鄂豫边区一九四三年春耕生产紧急动员条例草案》共分五章四十四条，对水利、种籽、肥料、耕牛、农具、田间管理等都作了详细规定，并列出了具体奖惩办法。这个《条例草案》是几年来边区开展农业生产的经验总结，对当年的春耕生产运动起了良好的组织和推动作用。每个乡有全乡的生产计划，每个农户有“按家生产计划”。全边区又一次掀起了大生产热潮。

由于各级党政机关加强了组织领导，加上一九四一年比较风调雨顺，边区广大农民获得了一次较大的丰收。从而使边区和五师渡过了抗日战争时期最艰难的岁月。

第三阶段：一九四三年秋至一九四五年夏。

在这个阶段，边区坚决贯彻党中央的“十·一”指示，坚持开展群众性的大生产运动，使农业生产进一步发展，迎来了抗日战争的胜利。

一九四三年十月一日，中共中央政治局发出《关于减租生产拥政爱民及宣传十大政策的指示》，号召各抗日民主根据地“不论公私党政军民男女老幼全体一律实行伟大的生产运动”，为“克服困难迎接光明”而斗争。[1]边区党委对“十·一”指示进行了认真的讨论并坚决贯彻执行。十一月十二日，五师召开直属干部大会，李先念作了《关于整风、生产、精简的报告》。他指出：“由于长期战争影响，根据地的财政经济必然要发生困难，要弥补战争影响的损失，必需要用生产来克服边区党政军民的困难”，“要从生产运动中来解决经济困难，来减轻群众负担，改善群众生活”。他还强调部队开展生产运动是“非常重要的”，它一方面可解决部队供给问题，另一方面可解决密切联系群众的根本问题。边区党委也专门召开了财经工作会议和宣传工作会议，传达贯彻“十·一”指示。在认真学习中央指示精神的基础上，对各县委、县政府提出了抓好兴修水利、开荒、救灾、准备春耕和生产动员五项任务，并要求各级干部深入群众帮助农户订好“按家生产计划”。

在“十·一”指示的指引下，一九四四年边区掀起了一个空前热烈的军民齐心协力开展大生产的热潮。机关部队起了模范带头作用。在一开始的二十五天里就取得了显著成绩：开荒九十六亩，种菜一百六十亩，打柴六十万零二千多斤，挖野菜一万二千多斤，挖药材一万七千多斤。此外还大力帮助群众挖塘、车水、割麦，群众受到极大鼓舞。各县农救会还召开了代表大会热烈讨论生产问题。例如，第二实验乡围绕开展生产运动这个中心问题经过两天讨论，作出了“生产互助”、“劳动英雄条件”、“合作社问题”、“水利问题”、“优抗工作”、“发会员证问题”、“禁赌”、“防止春瘟”、“教育问题”、

[1] 延安《解放日报》，1943年10月1日。

"防别动队"[1]等十项决议，推动了全乡的大生产运动。各县还讨论了帮助军队生产的问题，提出了帮助军队照顾田地园子，借农具耕牛给军队使用、和军队换工及展开竞赛等拥军办法。在大生产运动中，军民关系更加融洽。一九四四年春夏之际，边区虽然又遇到较严重旱情，但仍有三分之二地区获得了较好的收成。群众生活有较大改善，五师的供给也比较好，边区的财政困难有所缓和。

一九四四年八月，毛泽东亲自批阅了五师和鄂豫边区党委关于农业生产和财政困难工作给中央的请示报告；刘少奇和陈毅按照毛泽东的批示精神分别给五师和鄂豫边区党委发回了指示电，详细指明了依靠发展生产解决财政困难、灾荒问题、部队供给问题的方针政策。据此，边区在一九四五年开春继续狠抓春耕生产，组织群众大规模兴修堤垸，解决耕牛、种子、割青肥等问题。为了帮助群众春耕，行政公署发放了三千万元贷款，给受灾区发放了一千万元救灾款及五百石谷种。各县组织了各种换工队。与此同时，机关部队也进一步开展大规模生产运动，做到蔬菜部分自给，有的单位还由每人一斗田运动发展为二斗田运动。这一年经过精简，脱产人员减至近四万人，增加了农业生产的力量，直到抗战结束，边区是巩固的。显然，这与持续几年开展大生产运动取得的成绩是分不开的。

三、发展农业生产的方针政策

在领导农业生产的过程中，边区党委把坚决贯彻执行党中央关于"长期打算"、"开源节流"、"自己动手"、"生产自救"等方针政策，同边区客观实际、具体条件很好地结合起来，形成了一套行之有效的方针、政策。

（一）领导生产的基本方针

普遍提高人民的劳动热忱，组织根据地的男女老幼都参加生产，

〔1〕 指敌伪别动队。

亲自动手，克服困难，即组织全民生产，这是“领导生产的根本问题”，也是边区党领导生产的“基本方针”[1]。

为实行这一基本方针，首先，要求全党从上至下树立领导生产的思想。要认识“把老百姓生产领导好是把各项工作搞好的一个关键”[2]。干部必须正确处理生产同战争的关系。边区位于敌后，处在和民族敌人作拼死斗争的战争环境，这种环境不变，战争第一的方针就不会变。生产是为了支援敌后的战争，是战争环境中的生产，任何忽视战争企望在和平环境中去从事生产的思想，都是极端有害的。但是，又必须认识，除了打仗，最重要的事情就是生产，生产不发展，战争也不可能坚持。干部和人民都要锻炼成既会打仗又会生产，既会扛枪又会种田。学会“放下枪杆，拿起锄头，放下锄头，拿起枪杆”，把战争和生产紧密联系起来。例如，扩军动员工作要与解决新兵家庭劳动力困难相结合，在反“扫荡”中空室清野必须同时组织劳动互助，在水利建设、农田操作中把建立基干队同组织群众武装相结合，在春耕时普遍动员群众设立岗哨和传递情报；在夏收秋收时部署武装保护收割等等。干部还必须正确处理生产同政权建设的关系。群众的生产要依靠政府去组织与扶助，而各级政府又只有把领导群众生产作为自己中心工作，才会得到群众真心实意的拥护，政权才能巩固。例如，政权建设中的民主选举，如果政府不关心民众生产和生活，他们“必将会把民选当作是同他们开玩笑的事情，而不会饿着肚子来选举”[3]。关心群众疾苦，领导群众生产以改善群众生活，这是抗日民主政权同四周敌、伪、顽政权迥然不同的一个重要特征，是民主政权建设的重要基础。把领导生产同政权工作分割开来的观点是极其错误的。

其次，不断改善领导方法。（1）从农民生产的需要出发，去组织领导群众生产。例如，干旱时车水，农忙时换工，敌伪顽进攻时发动互助抢收快藏等。（2）尊重群众生产的经验和习惯。各级干部应

---

〔1〕〔2〕 吴祖贻：《关于如何领导老百姓生产的问题》（1943 年在党委宣传会议上的报告）。
〔3〕 彭辉武：《谈边区救济工作》，1941 年 7 月。

该在研究农民已经熟悉的老办法、老经验、老方式的基础上，提出可行的改革和使生产有所提高的意见，这样的意见才易被农民接受。例如，实行生产互助，你讲组织“互助队”，农民就听不懂，你说“换工”，他就懂了。然后从换工的老办法中去研究，怎样更合理使用劳动力，更节省劳动力，农民就欢迎。又如，制订“按家生产计划”，农民是不习惯的，你必须从谈论中无形地问他打算种多少田，拾多少粪，从而考虑如何帮他订计划，而不能见面就说：“我替你作计划吧。”（3）遵循自愿原则。生产是要通过农民去实现的，只有农民自觉自愿才能切实推动生产的发展。若强迫命令，勉强农民去做他不愿意做的事情，就会挫伤农民的生产积极性。在这方面，还应该注意物色当地生产上有经验的人去号召、动员与推动，这样农民才会相信，并自愿跟着去干。（4）与农民散漫保守和封建迷信思想作斗争，强调尊重农民的要求、习惯、经验、自愿，并不等于对农民落后的倾向作无原则的妥协。但斗争不能简单化，而要做耐心细致的思想教育工作，因势利导去启发和推动他们。要善于培养典型，带动一般，以个别人获得实际利益为榜样，争取其他人相信进步的新办法并乐意接受这种办法。（5）熟悉和掌握各种生产规律。要了解一县一地区一年中各种农业生产的次序，了解农业生产活动同农村其他生产活动之间的关系。例如，糟坊的糟粕可喂猪，猪粪可肥田；轧棉花可赚棉籽，棉籽可打油，油饼可肥田。“农民的生产计划常常是一连串的加法和复杂的加法。这种加法只有一个目的，为了发展农业生产”[1]。农户一家的劳力和每年每一个劳力的安排，均环绕于农业生产。男女老弱分工，阴晴忙闲分工，都有自己的打算。这些打算是农民常年劳动生产的经验，是反映农业生产一定规律的，必须尊重。此外还必须调查研究市场行情，在买进卖出和运销上胜人一筹，生产能赚钱，才能维持和扩大。（6）一般与个别相结合。没有个别就没有一般。每个乡干部要深入一个保，具体抓好几户“按家生产计划”。县级至少选择一个乡为实验区。全边区以安来乡作为区党委的实验乡，陈少敏

〔1〕 吴祖贻：《关于如何领导老百姓生产的问题》（1943 年在党委宣传会议上的报告）。

亲自兼任该乡乡长领导生产，总结经验，在全边区推广。

最后，高度发挥政权机关作用，建立各级领导生产的机构。这是实行全民生产的组织保证。“各级政权要把领导生产放到第一位的重要位置上”。[1]在行署领导下，一九四〇年下半年，各地成立了“农民抗日救国会”（简称“农救会”）。在此基础上，一九四一年下半年由边区行署主持成立了边区农救会，陈少敏任主席。规定每年召开一次代表大会，主要研究生产问题。李先念、陈少敏等领导人还亲自到滚子河安来乡试办农救会，担任会长职务。一九四二年春全边区以保为单位又组织了春耕委员会，保长或农救会长担任主任委员，由保民选举五人组织之。保上面建立村春耕委员会。村上面建立乡春耕委员会，由乡长、乡“救联”、乡“农救”及热心生产建设人士二至五位组成。乡上面成立县生产建设委员会，为全县春耕生产的领导机关。一九四三年冬由李先念提议，边区成立生产委员会，由行署统一领导。与此同时，边区党委还要求各党支部在生产中起保证作用，明确规定以在生产中加强对战争的领导和在不影响战争的情形下领导好生产，当作鉴定党员的党性、判断支部好坏的一个重要标准。

（二）领导生产的政策和措施

在抗日战争的历史条件下，我党的一切政策都服从于“发展生产”、“繁荣经济”，以保证抗日战争的胜利这一总的方针。在坚持贯彻这一方针的前提下，边区党委因地制宜地制定了一系列具体的政策和措施，以便普遍地动员各阶层人民投入生产运动。

第一，保护人力物力。

这关系到保护人民生产的元气，是坚持长期抗战的必要条件。首先是减少脱产人员，部队及地方机关、学校等脱产人员，不超过百分之二。其次是减少伕役，群众负担伕役不超过总劳动力的千分之五。再次是减少开会。农忙时各救国团体的会议停止召开，自卫队停止训练，地方部队一部分人员回家插秧、收割。部队、机关、学校尽可能

---

〔1〕 许子威：《论鄂豫边区的财政经济工作》，1941 年 7 月。

停止本身工作，帮助群众生产。此外，还明令严禁下级政府擅自发动慰劳和增加捐税，违反以违法乱纪论处。

第二，提倡互助合作。

政府提倡群众在种子、农具、耕牛以及劳力等方面实行贫富互助，强弱互助。按各地习惯在割麦、插秧、割青、施肥等方面组织换工队。边区群众之间的换工分两种。第一种是友谊性的互助，以户为单位，按村按湾子找相宜的对象换工，做完一家，再做一家，各吃各的饭（即“换月母子工”）。这种互助可用于插秧、锄草、堆草、打谷、打麦。农救会尽量动员妇幼等半劳动力参加这种互助，以便让壮年农民去从事较为吃力的生产。第二种是交换性的互助。你帮我一天，我帮你一天。可以是人工换人工，也可以人工换牛工。此外，还有农具方面自愿的合理互助；耕牛方面有组织的出租或换工。换工完全按自愿原则进行。换工的条件由双方协商，有的一工换一工只管饭不给钱，有的换工给钱又管饭，按传统不收钱的当人情，收钱的也是本分。短工队是互助合作另一种性质的形式。农忙时政府把靠卖工过活的贫苦农民组织成短工队，一面帮助短工队找雇主，一面帮助业主请短工。在这项工作中要注意贯彻农村统一战线的劳动政策。政府在为贫苦农民谋求生活出路的同时，要帮助他们订出劳动纪律，提高劳动效率，使雇主出了钱，能收到省工的效益。总之，要做到增加生产，双方有利。

第三，救灾和发展生产相结合。

边区连年遭灾，救济工作往往成为开展生产的先导。边区政府避免了那种为救济而救济的消极作法，坚决贯彻生产自救的方针，并把救灾同发展生产结合起来。救灾是治标之法，发展生产才是治本之计。对灾区，政府酌情减轻或豁免田赋公粮及各项捐税；把发放给灾区的救济费用以工代赈、小本借贷及组织合作社的方式，大部或全部用于生产建设事业；用丰收区的财政剩余，去补灾区的不足；在丰收区大量募集救济经费，转运粮食，发行建设公债，以解决灾区生产经费、耕牛和种子的困难。在丰收区，发动群众性的救灾恤邻运动，创办大规模建设事业，组织外地逃荒觅食的灾民参加。在灾荒区，尽可

能动员殷实富户为了共同抗日发扬阶级联盟的互助合作精神，借种、借粮、借资金给受灾户维持生活和发展生产，赞助他们兴办水利，以工代赈，发展生产。

此外，边区还规定边区公民均有“以劳力耕牛肥料种子农具优抗之义务”。[1]政府大力组织力量为抗属代耕，发给救济费，举办专为抗属服务的消费合作社等。政府还提倡开展劳动竞赛和奖励劳动英雄。所有这些政策和措施，极大地调动了各阶层的生产积极性和鼓舞了群众的劳动热情，使边区的农业生产迅速得到恢复和发展。

第二节　兴修水利，发展农业生产

一、群众性的兴修水利运动

（一）兴修水利的必要性和可能性

“水利是农业的命脉”。[2]边区党和人民在实践中深刻认识到：“要使农业生产能够提高和保持，其中心在于兴修水利”[3]一九四一年和一九四四年两次大旱灾，造成严重荒年，最重要的原因是水利失修。要改变这种靠天吃饭的情况，必须把水利建设事业列为发展农业生产的中心工作，强调“宜未雨而谋水，勿临渴而掘井”。大兴水利不仅是必要的，也是可能的。边区存在兴修水利的良好条件。京山的石板河，安应的漳水，应南的黄沙河，随南的清水河，当阳的漳河等，都为我所控制，可以筑坝引水灌溉两岸田地。大的河坝可供灌溉数千石以至上万石的田地，较小的河道也可以修挡引水。无河道地区

---

〔1〕《一九四三年春耕生产紧急动员条例草案》，1943 年 2 月。

〔2〕《毛泽东选集》多卷本 118 页。

〔3〕夏忠武：《法币低落与边区经济建设》，1941 年冬。

可大量挖塘。兴修水利的主要内容就是修坝、修挡、修塘、修堤，并且我们有许多传统的办水利经验，关键在于加强组织领导。

（二）兴修水利的组织领导和法规

边区政府聘请了党政军民各界领袖及热心公益的士绅组织了边区的各县的水利建设委员会，作为兴办水利事业的研究、设计、动员和指挥机关。本着抗日民族统一战线的方针提出了“有钱出钱，有力出力”，“以工代赈”，“救灾恤邻”等动员口号。政府明确规定：旧有的公私塘、堰、堤、坝需要重修者一律加以补修；凡属可以利用之河流港汊及一切需要蓄水又可以蓄水的地方一律适应地势兴工修筑；湖区原有的官堤一律修到最高最厚最坚固可靠的程度。政府十分重视发挥水利效益的问题，要求各地制定出“使水公约”、“堤防公约”。在合理用水方面，规定“下雨不灌浅水，天旱不 灌满水”的原则。《鄂豫边区一九四三年度春耕生产紧急动员条例草案》中专门列出一章十六条有关兴修水利的详细规则，对兴修水利的时间、经费、人工、用水、管理机构以及奖惩办法都作了明文规定。实际上成为边区各阶层人民必须遵守的水利法规。其主要内容如下：

1. 水利之兴修，水道之变更，堤垸之兴废，皆以能增加生产为原则。

2. 四月以前为兴修水利期间，无论塘、坝、堰、沟、垸等均须于规定期内修竣。

3. 巨大工程由政府或地方举办，由私人举办都可请求政府贷款。

4. 除政府修建工程外，修建费用应依享有水利灌溉，土地所有权之面积多少与受益之程度合理负担。

5. 拥有土地所有权的人如田多人少，应雇工赶修水利，不得拖延妨碍春耕。佃户在其佃田范围内应替业主做工，但业主须按照规定价格给予工资，不得迟付或少付。业主确系无力照付或不在家时，佃户得依其佃田应摊工数代为垫付，依年利百分之二十计算，在本年应交租额内扣除。佃户富裕而又有保障时，依主佃财产状况佃户可摊工百分之二十至百分之五十，但退佃时仍应归还，其原有约者从其

所约。

6. 一切公私塘、堰、坝、沟等，经兴修可增加蓄水量者，凡需享用该项蓄水灌田者皆得请求参与兴修，并按政府规定原则摊工及照摊工多少享用一定水量。

7. 为增加耕种面积，可以合并垸子或先修大堤，后修与不修小堤。因兴修水利须挖田或压田时，土地所有权人不得拒绝，但应照田价赔偿或解决其所需之耕地。

8. 湖水、公塘、公堰、公坝和灌水沟等公水应合理公平使用，不准浪费，不准偷水抢水，亦不准私人霸用，或法外禁水。使用公水顺序为，倒上水田，应先上后下；一定水量而二个以上同时需用时，贫苦抗属或贫苦农民先用；有私塘可灌者应先用私水后用公水，天旱抢水灌田时，救禾不救秧，但救禾之业主应酌量赔偿秧田损失。私水以所有权人适度使用为限，余水应供别人使用，不得拒绝。

9. 上流来水以自然趋势与合理蓄水为原则，不得任意阻止或改变水道妨碍别人水利。明沟或暗沟以水道畅通增加生产为原则，因水道通过而受重大损害者可请求受益人或政府赔偿救济。上田放水不得故意冲坏下田，否则受害人得要求赔偿。下田或远田使用水，上田或近田不得阻止。

10. 公水内养鱼植藕者，不准妨害使用。私水内养鱼植藕者，遇天旱需水时以救谷为原则，但鱼藕损失应由用水人酌情补偿。使用水必须在他人水田安置车位时，田主不得拒绝，但车窝损失依习惯赔偿。公埠头应合理轮流使用，不准私人霸占；私埠头除私用外，不得拒绝他人使用。

11. 借口迷信妨碍水利兴修者，挑动宗族纠纷破坏阻挠水利兴修者，应修水利而不修，应出工而不出致影响水利兴修者，各县政府要认真予以处理，破坏生产情节重大者，将呈准行政公署严惩之。

12. 由水利设施受益人推选管理委员会或管水人制定公约共同遵守。管理委员会或管水人受保春耕委员会领导和政府监督，如有违法行为，将撤换另选。

（三）兴修水利的两次高潮

鄂豫边区的水利建设曾掀起过两次高潮。第一次是在一九四一年冬至一九四二年春。各级政府进行了普遍动员，在山乡领导人民挖塘修坝，在湖区领导人民筑堤修闸，疏通河道。鄂中、天汉、京钟、信应等获得了很大成就。安陆修建了府河堤二座共十五丈多，费工五千个。信南修筑了走乡堤，灌田一百七十五石。云梦用五百工修了三区堤。汉川修补了韩集乡两个垸子。应城动工修筑了两河口的府河堤。水利建设使山乡湖区确保了一九四二年的夏收和秋收。第二次是在一九四四年冬至一九四五年夏。襄南完成了金家拐和马颈项两大工程。金家拐工程于一九四五年元月三十日开工，四月三十日竣工，共挖土二万四千五百方，用工八十一万六千四百个。马颈项工程于一九四五年三月十五日开工，六月八日竣工，共挖土三万六千方，用工八十万三千四百个。两大工程计用经费七千石谷（受益田亩征收四千石，行署补助三千石）。两大工程的完成，保障了襄南的江陵、潜江、监利、沔阳等县农民的生产和生活，受益田一百万亩。其他各县也都在原有水利建设的基础上兴修了许多大大小小的工程，扩大了水利效益。

（四）安应县的“千塘百坝”运动

在鄂豫边区的水利建设中，安应县的“千塘百坝”运动，其规模之大、时间之长、收益之多都是很突出的。安应的兴修水利运动是由于一九四一年夏八十三天的特大干旱而掀起的一场群众性的抗旱斗争。一九四一年秋，安北地委为领导群众抗旱，决定在安陆与应山交界处的一条河道上修建三座坝，提出了“有田出米，无田出力，以工代赈，共度荒年”的口号。用政府贷款，“以工代赈”；采取按田亩多少，合理负担；以村为主，各修各村，以工记账，年底兑现等办法，解决资金问题。为调动群众积极性，按劳动力强弱分为三等，挑一百斤以上的每人每天三升米，不能挑一百斤的每人每天二升米，小孩每天一升米，把解决放粮度荒和兴修水利结合起来，经过三个月的苦战，完成

了工程任务，清水满坝，轰动了周围几十里远的群众。接着又在曹湾坊动工修建“民生坝”，群众积极性很高，仅一个月零五天即竣工。李先念特地赶来视察，鼓动说：“兴修塘堰这办法好，是一举两得，既修了水利，又度了荒年，它合乎人民的要求，今后要推广。”还提出了“塘坝一定要做到深、高、厚、紧”〔1〕即塘堰要挖得深，坝埂要筑得高，做得厚，夯得紧，这样才能多蓄水，不漏水。在边区党委的大力支持下，一九四二年七月安应县委成立后，即拟出了在全县兴修“千塘百坝”的规划，这个规划立即得到各阶层人民的热烈拥护，在全县掀起了空前未有的大兴水利的群众运动。从一九四二年冬至一九四三年春，共建坝一百零六座，塘堰一千零六十三口。一位老秀才兴奋地抱病题诗：“安应今朝花满县，星罗百堰与千塘。”群众满怀感激之情在坝上为我们党树立了“功德碑”。由于兴修水利，这个县一直到抗战结束，年年获得丰收。边区党和政府及时总结了安应县兴修“千塘百坝”的经验，并在全区加以推广，极大地推动了边区的水利建设。

二、适时播种和精选良种

每年春耕开始所遇到的第一个大问题就是种子的供应问题。为了不误农时，适时播种，在主要依靠农户自行留种子的同时，边区政府还采取了发动群众互相借种，政府发放种子和动员士绅捐助等办法以解决种子问题。政府规定：“春耕期间，应实行种子互助。有种子者保证按时借出，借种子者要保证秋收后归还，并以百分之二十年息计算。”〔2〕在私人借贷种子中，各级政府注意了防止封建剥削行为的发生。在解决适时播种的同时，边区政府还十分重视指导农民合理播种和使用新鲜种子，推广选种经验。在湖区提倡多种稻麦，少种棉花，重视春收，鼓励早割。在秋旱冬旱之后如果又遇春旱，则指导群众把种子播到堤垸外面，或种到没有水的湖里。并强调“按各地土

〔1〕 汪立波：《回忆安应地区的抗日斗争》，湖北人民出版社1958年版。
〔2〕 《鄂豫边区一九四三年度春耕生产紧急动员条例草案》，1943年2月。

质而种”，不强求一律。边区较好的播种经验是：种子选好后一律用筛子筛，把野麦及蛀麦筛出来；撒麦时要站在垧沟沿上；每斗田种二升种子，来往撒两次即均匀。

三、广种精耕和加强田间管理

由于战争的破坏和天灾，边区的耕地多有荒芜，人民受战争的干扰，往往采取广种薄收。针对这种情况，边区政府大力提倡：“广种精耕”，鼓励人民开垦生荒，消灭熟荒，精选良种，深耕细作。边区政府专门制定和颁布了《垦荒条例》，条例规定若业主任凭田地荒芜，政府将给予惩处或代为另寻佃户。还规定开垦生荒三年不纳粮，开垦熟荒一年不纳粮，以奖励开荒。号召区乡干部带头和群众一起开荒。在精耕细作方面，政府大力帮助群众解决耕牛农具的困难。一方面实行严格的统制耕牛政策，严禁耕牛出口和宰杀，违者从重惩罚；另一方面扶助农民组织耕牛合作社，实行互助。在条例中规定了耕牛登记、饲养、出租、使用等细则，以确保农民耕田用牛。此外，政府还十分重视指导农民多犁多锄，根除杂草，消灭病虫害等，尽可能精细地进行田间管理。

四、积肥和施肥

“麦子不下肥，不长”，“种田不下粪，瞎在土里混”，这些本是农民种田的常识。但由于战乱天灾，造成农民无心施肥，无钱买肥，无力施肥的状况。针对这种情况，边区政府大力提倡广积肥料。政府规定：国有和公有的柴山湖草，在春耕采肥期间，均由政府管理，平价出售，对抗属和贫苦农民酌情减价或免费；柴草管理人有免费割青施肥的权利，但其使用量以其登记田亩的用量为限，不得出卖或赠人；无论国有、公有或私有之山林，在春耕施肥期间，任人采叶施肥。私人之石灰窑，在春耕施肥期间，遇有空闲，应准许别人借用烧灰。边区使用的肥料大致有六种：草渣、饼肥（棉籽、芝麻）、牛栏粪、（每斗田上四担可收六斗麦）、大粪（每斗田上四担可收四斗麦）、牛屎沤田（每斗田上两担可收四斗麦）、塘泥（每斗田上两担，可收麦又收谷）。在施肥上还要求讲究因地制宜。例如，灰粪宜使用在冲田垅田里，这些田湿，灰粪性燥；土粪宜用于板田塝田；沙田则宜用黄土草渣，如人常说的“沙田拌黄土，青菜拌麻油”，黄土田宜用沙土粪。许多县发动群众互助换工挖草皮制造堆肥，发动老幼妇弱收集畜粪，储聚水肥，大量选割青肥，组织榨坊制造饼肥，在广泛积肥的基础上，提高农作物产量。

第三节　发展林牧副渔业

一、副业生产

（一）副业生产在农业经济中的重要地位

首先，发展副业生产是改善农民生活的重要途径。边区不少地方人多地少，农户有较多的农闲时和剩余劳动力，用以经营副业，可增加经济收入，改善农民生活。例如，黄陂县塔西乡二保有田一百零九石，全保人口九百五十四人，除当出的田外，连自田、佃田在内，平均每人耕二斗五升。一斗田平均产一石四斗谷，可收谷三石五斗。按大小人口平均一年吃三石六斗计算，农田收入仅够口粮，穿衣和日用均无着落。一般来说，边区的中农和贫农，尤其是贫农，每年要差一至二个月的口粮，若不在经营农田之外还同时经营一些副业，全年生活困难就无法解决。

其次，发展副业对农田生产有很大的促进作用。俗语云：“会种田的赚两头，不会种田的两头蚀”。副业经营得好，不仅可以直接增加很多生活必需品，还可以促进农田生产的发展。例如，经营榨坊，

卖油可赚钱，落饼又可肥田。许多副业生产的结果，正是直接提高农业产量的重要因素。在农村中，富农和富裕中农之所以生活要好些，生产能力大些，很重要的一个原因就是他们善于同时经营农业和副业。积极扶助贫苦农民从事副业生产，既可帮助他们克服生活困难，又可提高他们生产能力，这样也就促进了边区农业生产的发展。

最后，发展副业生产是打破敌人经济封锁和繁荣边区经济的重要手段。在兴办各种副业的基础上可以经营贩运，用边区的副业产品、土特产到外地换回边区缺乏的文具、纸张、材料、药品及民生日用品。这对克服边区的经济困难是有很大作用的。

（二）发展副业生产的政策和措施

为了多兴办副业，边区实行了四项原则：（1）发展普遍的、大家可以经营的副业。例如妇女纺织，小孩拾柴等。（2）发展与农业生产相关的副业。例如养猪、打柴等。（3）提倡经营投资不大，花费劳力不多的副业。例如放鱼苗，养鸡等。（4）提倡赚钱较快的副业。例如纺线、织布、挑米、挑盐等。

促进副业发展所采取的主要办法是：（1）贷款。由政府创办的建设银行，发放经营各种生产事业包括副业在内的必要的贷款。同时还由合作社筹集民股转贷给农民，解决购买猪娃、鸡娃、鱼苗、树苗等困难。（2）机关与农民合伙经营。由机关出资本，农民经营，共同分利。（3）组织互助。如组织各种形式的合伙烧炭，合伙打鱼，组织挑贩队等。（4）税收合理。大部分农民都在兴办副业的基础上从事小商小贩。政府采取了适当调整税收的措施，对这些小商小贩的进出境税一般都定得比较低，有的甚至免收，以增加农民收入。这些措施对发展副业起了很大作用。边区农户经营小商小贩，百分之八十以上都是依靠兴办副业为基础的。应山农户经营小商小贩者比战前增加了百分之三十。[1]

〔1〕 吴祖贻：《动员全边区人民为粉碎敌伪统治援助全世界反法西斯运动而斗争》，1941 年7月24日。

（三）边区副业生产的种类

1. 不同地区的副业项目。由于各地区条件不同，主要经营的副业项目也有所不同。山区的副业主要是烧炭、烧石灰、打柴。湖区的副业主要是打鱼、编席、养鸭。一般说来，饲养猪、鸭、鸡是一项最普遍的副业；其次是纺织和养鱼等。

2. 不同经济性质的副业项目。一种是资本很少，主要依靠自己劳动经营的副业。如贫苦农民以割野菜、捞水草喂猪以及挑小菜为主。还有根本没有资本全靠劳动经营的，如打柴。这些副业是以解决生活困难，应付急需为主，所起作用较小。如经营不善，反而影响农业生产，如为了经营小贩谋生，没有时间从事田间管理，反而减少了农业收成。另一种是以依靠资本为主、劳力为辅所经营的副业。如有的富农在农闲时要长工贩布到大后方去卖，有的用粮食喂猪，开设规模较大的榨坊、糟坊，以及雇佣人力到湖区去放鸭子等。这些副业都需要相当大的资本，需要专人或长工去经营。因此，多属富农才兴办得起。

3. 不同劳动方式的副业项目。按劳动方式不同，副业可分为五类：即运输业（主要是挑贩）；纺织业；喂猪和养鱼；开榨坊和糟坊、杂类（木匠、锯匠、裁缝、酒匠、剃头匠、牛医、散工等）。

由于副业生产的发展，对促进农业生产起了很好的作用。

二、林业生产

（一）边区的林业资源

边区的林业资源比较丰富。最大的山岳为大悟山，地处礼山县与经扶县之间，与大别山主脉衔接，与木兰山相连，山势高达一千至二千公尺。此外还有木兰山、桐柏山、大洪山、南山等大小山脉。边区的林业生产主要是在北部山区，盛产桐、油茶、栗、橡、松、柏、杉等树。丘陵和平原地区也有部分林业，主要产油桐、油茶、白杨、刺槐、泡桐、柏、桃、梨、柿等；河洲地区主要生长白杨、柳、榆、桑等。

（二）提倡植树造林

边区政府对植树造林，发展林业生产，十分重视。许多县订有“造林大纲”。其主要内容如下：

1. 广泛宣传森林可以调节雨量，防御旱灾的意义以及对供应建筑、燃料、材料上的重要性。

2. 发动各机关团体集体植树，规定清明节前每人植树十株，每户至少五株，植树应注重经济树种。

3. 消灭荒山。对公山进行翔实调查，召集当地开明士绅及群众团体会商，设法筹集一部分公款或利用当地现有公款，购买树苗，普遍种植。私山未植树者发动业主自愿栽植，如业主无力栽植，可由公家或他人代为栽植。选择树种以因地制宜为原则。

4. 收益分配原则：林地原为公有或业主的荒山，收益概作地方公益之用；有的业主的山按照当地习惯抽分，大体上业主得三分之一，看山人得三分之一，其余为当地公益之用；业主有山不栽愿与旁人栽植者，其收益仿此。

5. 奖励和惩罚原则：机关团体集体造林经检查后植树最多而成活率又最高者，由政府颁发奖状并登报表扬。机关团体造林没有达到指定数字或成活率最低者，由政府以书面申斥。每户植树没有达到指定数字或成活率最低者，也由政府劝告，坚持不栽植又不愿租给旁人栽植者，由公家代栽，俟树挖完后退还山地。凡偷装、车运、肩挑林材至敌据点贩卖者，木材没收并给予处罚。坚决肃清靠偷树为生的“二流子”。

由于民主政府的大力提倡，并采取正确的政策和积极的措施，边区广大群众开展了热烈的植树造林运动。每湾都选举一至二人督促大家栽树。一九四一年春天，安应一个保的群众植树四百多株。应城群众植树五千多株，云梦二区荒山多，地方士绅与农民一起专门组成一个山林建设委员会，在五架山掀起造林热潮。

（三）严禁乱伐乱砍

为了保护森林，发展林业，使林木资源用之不竭，对于乱伐乱砍行为，边区政府历来有严明的禁令：

1. 各机关、部队、学校一律不准砍伐成树及挖能生长的幼树。

2. 各户族祖山无论大小树一律不许砍伐（公用树报区乡政府许可者除外）。

3. 私人山树不许任何人侵害。山主自用（如做房子、寿木等），亦须呈报当地政府机关批准后，方准砍伐。

一九四五年春，曾出现了违反禁令砍伐公私森林大树的现象。一些不良分子散布谣言说，祖山公山自己不伐公家要伐，他们还包伐包卖从中渔利，因此更加剧了乱伐乱砍之风，影响极坏。边区政府和各县政府立即发出了“通令”和“训令”，领导群众同这种歪风作斗争，保护了边区林业生产的健康发展。对于偷盗木材及木材出境，“如有违法者，经一再教育而不改，各区乡配合农救会发动民主斗争，予以严格处分。”[1]

由于政策对头，措施得力，促进了边区林业生产的发展。据不完全统计，一九四一年全边区植树二十多万株，还办了一个林场，植树百余株，计栗树七十余株，葡萄五十余枝。以后逐年有所发展，到抗日战争胜利，边区林业生产已具有相当规模。

三、渔业生产

边区多水道、湖泽和家塘，水产极为丰富。河流中最大的是襄河（汉水），其次是涢水（府河）、淮水、宋河（大富河）、漳水、环水、潢水、倒水、武湖等。湖泊，沿黄冈以西，江陵以东的地区最多。最大的是洪湖，其次是泽源湖、白露湖（潜江与监利之间）、长湖（江陵以北）、刁叉湖（应城、汉川和天门之间）、西湖（孝感与

〔1〕《黄安县政府训令》，1945 年 3 月 18 日。

汉口之间)、武湖（黄陂南)、张渡湖（黄冈西）等。应城南部历来有美丽的“水国”之称。襄北十之七八为湖地，仅湖区靠捕鱼度日的就有两三千渔户，专门从事渔业经营的大户，利润往往为资本之十五倍。河湖港汉除渔产外，还有菱、荷、莲藕、芦苇、野鸭等水产，“产量价值至巨”,[1]过去，水产都被几个大姓地主所霸占。边区建立民主政权后，帮助渔民在经济上翻了身，使贫苦渔民也有了收回湖乡的权利。一九四零年渔民第一次活跃在港汊河湖水面者，每日就有三四千条船，除捕鱼外，每船每日还可采菱三石左右，至少可换米一石。边区政府一方面加强湖水合理管理，另一方面还尽力帮助渔民解决工具等困难。如船只的添补和修理需要杉木和桐油等材料，一部分由农救会组织拆废屋解决，一部分由政府物资局从外地购回借贷或低价售给船户。为发展渔业，政府还号召农户普遍发展家塘和小型堰坝养鱼。

〔1〕 史光:《县城沦落后的汉川》,1941 年。

第六章 工　业

国民党统治时期，大小工业都集中在武汉市和各个县城，鄂豫边区的广大农村几乎没有什么工业。抗日战争爆发，鄂豫边区抗日民主政权建立后，我边区党委领导人民本着艰苦奋斗、自力更生的精神，因陋就简，克服一切困难，创办了自己的工业，供给边区军民的需要，增加人民的收入，对巩固根据地起了重要的作用。

边区的工业有军需工业和民用工业两种。军需工业有兵工厂、修械厂、被服厂、印刷厂；民用工业有造纸厂、卷烟厂、电池厂、牙刷厂、毛巾厂、缝纫厂、化工厂、炼油厂、皮鞋厂、硝皮厂等。

这些工厂大都是白手起家，土法生产。有的有厂房，有的没有厂房，而是将厂房分散在村子里的农民家中。原料基本上是产自本地。由于缺乏机器，大部分是手工操作。工厂规模一般较小，上百人的是少数，每个工厂都经历了由小到大的发展过程。边区工厂大部分是公营，也有由地方政府与私人合办和私营的。工厂设在农村，大部分工人来自农民，临时工也都是由当地的农民充当。边区的工厂基本上是适应战争需要而开办的，是在动荡的战争环境中进行生产的，主要办军需工厂。生产出来的产品，首先保证前方的供给，同时也尽量满足边区人民的需要，如有多余，则运销外地。边区工厂有高度的灵活性和战斗性。敌人不来，环境安全，则组织群众从事生产；敌人来了，马上掩藏好机器，疏散人员，立即转移。常常是敌我之间，相隔咫尺，在敌人眼皮底下生产，敌人看到工厂的产品，却不知道工厂的厂址究竟设在哪里。

第一节 鄂豫边区工业生产的建立和发展

一、边区生产的条件

鄂豫边区位于湖广盆地，气候温和，物产丰富，是全国有名的米、麦、棉花产区。其他农产品有丝、麻、油籽、皮革。矿产有应城的膏盐矿，盐的产量很大，能供给八到十三个县。所有这些，给边区工业生产的发展，提供了必要的物质基础。

边区不仅具备建立和发展工业的自然条件和物质基础，而且具有建立和发展工业的社会条件和群众基础。边区广大人民曾受过两次国内革命战争的洗礼，有较高的阶级觉悟，对共产党有较深刻的认识；抗战爆发以后，又把抗战胜利的希望寄托在我党我军身上，人心归向共产党，愿意积极参加边区的工业建设，多生产一些产品，支援自己的子弟兵，支持抗战。同时，武汉市和边区一些县城沦陷后，由于日寇实行殖民统治，对沦陷区的中国人民实行残酷的压迫和掠夺，许多有民族自尊心、有爱国思想的人，特别是一些觉悟较高的工人，不愿做日寇的牛马奴隶，纷纷跑到边区，这些工人具有各种不同的技术知识，能从事兵工、印刷、军衣、纺织、肥皂、香烟等各方面的制造，为边区送来了技术力量。

二、发展边区工业的政策和措施

（一）发展工业的政策和措施

边区党的正确政策和有效的措施，保证了边区工业沿着正确的

方向前进。边区党委对发展工业采取了以下的政策和措施：

1. 积极发展边区工业，以求达到自给自足的目的。《鄂豫边区施政纲领》第十三条曾规定：“实行抗战经济政策，以求达到边区经济上之自给自足，自力更生，反对敌人经济封锁，及抢夺垄断之以战养战政策，积极发展边区工业生产及商品流通，兴办手工业，改良纺织业，普遍设立合作社，供给人民日用必需品和边区土产品。”〔1〕“欢迎、奖励边区境内外工商业资本家在边区兴办实业。”〔2〕

2. 改善工人生活，提高工作效率。“边区抗日政府和抗日部队自己经营的工厂，除了注意提高工人工资外，要注意保险保健，星期日休息，害病有工钱，残废和死亡都有优厚的抚恤。同时注意供给充分的学习材料，保证充分的学习时间，提高工人在学习上和工作上求进步和研究发明的兴趣，提高工人参加抗战和参加民主政治生活的情绪”。〔3〕

（二）改善管理，加强领导

为了更好地管理工厂，必须熟悉和研究工厂中的全盘情况，不断地检查研究现行的管理制度，创造出良好的制度和方法。工厂全体人员，特别是厂长、技师、指导员，这些负责人要切实注意这个工作。

（三）以整风运动推动工业建设的发展

通过整风运动，改变边区工厂职工的精神面貌，使工人深刻认识到为抗战而努力生产是非常光荣的任务。提高技术扩大生产，是最有前途的，从而安心生产，热爱劳动，推动工业建设的发展。

三、边区工业的建立和发展

鄂豫边区的工业经历了一个建立和发展过程。

---

〔1〕〔2〕“鄂豫边区施政纲领”，《边鉴》。

〔3〕许子威：《一九四二年边区民主建设的回顾》。

一九四二年以前是边区工业的初创时期。一九三九年十一月边区党委成立。在边区党委领导下，一九四〇年成立了鄂豫边区军政联合办事处，边区开始有了正式的政权机构。由于根据地扩大和部队的发展，要求边区建立和发展自己的工业企业，以适应战争和边区人民生活的需要。为此，一九四〇年十月，边区党委财委会决定，在新的情况下，“应该设法开发边区物质资源，积极发展手工业”。于一九四一年四月，改边区军政联合办事处为鄂豫边区行政公署。行署号召：“以天汉和安陆为榜样，使用新式织布机、新式纺纱机，发展手工纺织业”。在边区党委和行署的领导与推动下，边区开始兴办一些工厂，主要是办了一些为战争服务的军事工厂和人民生活必需的民用工厂。这时的军事工厂比较简陋，主要是一些修械所和被服厂。修械所没有什么机器，都是手工操作。在解决军用被服方面，采取两种办法，一种是开办小型军服厂，招雇裁缝或从军的家属到军服厂来缝制被服。如一九三九年，许金彪领导的湖北省抗日游击大队在应城人和店招缝衣工人，成立缝纫厂。该厂共有五十余人，它以雇临时工为主。一九四〇年，该厂扩大为五师被服厂。[1]另一种是部队和政府将布匹交给当地裁缝加工制作，酌情给予加工费，如云梦指挥部曾委托朱作伦缝纫店加工被服，然后给予加工报酬。这时候的民用工业主要是办一些卷烟厂、织袜厂、毛巾厂、纺织厂等等。边区政府对手工业和民营企业实行奖励扶植政策，借以调动工商业者和人民群众开办工厂的积极性，使民用工业和私营工业逐步恢复和建立起来。例如，黄陂长堰周围，有二百多户从事手工卷烟业，从业人员近七百人，农闲卷烟，农忙种田，平均日产千条烟，以供应当地市场。但生产烟丝的只有两户，六七个刨烟丝的工人，这种生产中的矛盾问题，在边区政府的正确领导下，很快就得到解决。卷烟纸靠行商从江西运来供应。在我广大的边区，在战争环境影响下，各卷烟户，都存在资金不足、原材料短缺、生产不正常等严重现象。边区政府乃成立烟丝烟纸厂，以解决卷烟的原材料供应问题。由于对手工业和民营企业采取扶

〔1〕 根据原被服厂厂长雷正友口述记录整理。

植的政策，使陂安南的卷烟生产很快走向正常，产量提高了，销路由当地扩大到毗邻地区；生产纸烟的地区，也由长堰周围扩大到塔耳岗柿子店附近的部分农村，以及梅店周围。处在初创时期的边区工业生产，不可避免的会带有初举的特征，即缺乏长远规划和固定的措施。规章制度不够健全，领导也不够有力，工厂数量不多，质量也不高。

一九四二年开始，边区工业进入了发展时期。

一九四二年前后，由于日寇的疯狂扫荡，加上国民党顽固派的进攻和边区连续发生自然灾害，边区财政经济面临着严重的困难，部队机关干部供给十分紧张。为了渡过难关，一九四二年边区党委作出了《关于经济建设的决定》指出：“发展手工业，摆脱对于洋货之依赖，发动群众自制日常用品……尽量争取半年以内能完全自给或大部分自给”。[1]不久，李先念在《关于整风、生产、精简》报告中指出：“要以生产运动来解决经济困难，来减轻群众负担，改善群众生活”。[2]

为了加强工业的组织领导，行政公署成立了建设处，五师部队设立了后勤部与军需处，各地县设立了建设科，各厂设立厂长和指导员，负责领导各有关的工业生产。边区党委还号召各级党、政、军、机关、学校一切领导人员要加强对生产的领导，并且要学会领导群众生产的一套本领。要动员各方面的力量，大力兴办工业，不仅政府办，而且动员群众办，鼓励边区内外的工商业者来边区兴办实业。由于边区党的大力号召和积极领导，五师师部和边区行署先后办起了兵工厂、造纸厂、印钞厂、电料厂、军衣厂、大达烟厂、民生烟厂等大小几十个工厂。各军分区也办了一批工厂，计有：一军分区七个，二军分区十个，三军分区一个，四军分区四个，五军分区一个，六军分区八个。各县也办了一批工厂，计有：礼北县办的有兵工厂、修械厂、纺织厂、被服厂、毛巾厂、造纸厂、卷烟厂；安应县办的有榨油厂、卷烟厂、造纸厂、酿酒厂；黄冈县、安礼县、陂安南县、应北

---

〔1〕《边区党委经济建设的决定》，1942年3月22日。

〔2〕李先念：《关于整风、生产、精简的报告》。

县、钟祥县、黄安县、京山县等均办有被服厂、烟厂、电池厂、牙刷厂、毛巾厂、造纸厂、军衣厂、缝衣厂、卷烟厂、被服厂、修械厂、针织厂、皮革厂、肥皂厂、文具厂等。据鄂东十几个县的不完全统计，共办了大小工厂数十个。边区工业呈现一派兴旺景象，从此，边区工业进入了发展时期。

第二节　公 营 工 业

一、公营工业的种类

公营工业有军需工业和民用工业两种。

(一) 军需工业

边区的军需工业计有兵工厂、修械厂、手榴弹厂、枪榴弹厂、被服厂、印刷厂、皮革厂和电料厂等。主要是为生产部队所需的枪炮子弹、被服、宣传品、照明等军用必需品。

边区兵工厂分别设在孙家店、李家店、马家店的山沟里。下设炸药、修枪、枪榴弹、刺刀四个所。原料来源：钢铁靠拔铁轨，烈性炸药靠到敌占区去购买。工人则来自四面八方：有从汉阳兵工厂动员来的，有的是曾经在兵工厂工作过的老工人，还有铁匠、铜匠，只要有一技之长，多少懂得一点兵工技术的都欢迎。工人实行供给制，外加一点津贴，[1]把这些人动员组织起来，取长补短，互教互学，逐步提高技术，从而形成一支初具规模的技术队伍。上述这些兵工单位，每天可生产炸弹、枪榴弹约百个，刺刀二三十把，一九四一年末，伪军汪步青部的兵工厂全部被我缴获后，力量有很大的增强。

---

〔1〕 许金彪：《谈鄂豫边区兵工厂的情况》。

边区军用被服厂（军衣厂）设在马家店周围的草塘刘、植树黄等地方，一个村落为一个被服厂。直属边区领导的被服厂有三个，每厂有三百多人，共计一千多人。被服厂的缝纫机是从武汉购买来的，工人是从四面八方招来的，原料如棉花、纱布、染料等都就地取材。缝纫机或是集中在殷实富户的堂屋里，集体生产；或者分到各农户家中，由各家各户把布匹领回去分散制作。被服厂的生产基本上保证了五师部队穿着需要，每人每年供应一套棉衣，二套单衣，二套衬衣，一副绑腿，一个班一件大衣。除边区直接领导的三个被服厂外，各军分区也设有被服厂，每个旅，每个纵队，还设有小型的被服厂，以补充边区被服厂的生产不足。

边区《七七报》印刷厂，开始只有一个厂，后来发展到三个。印刷厂有近百名工人，规模小，只能油印。一九四〇年春天，在京山城外的双碑村缴获了国民党溃逃时《京山日报》社埋藏的一台四开平台铅印机，一台三号圆盘机和一些铅字及其他印刷器材，此后就改用机器铅印生产了。印刷厂除印刷《七七报》外，还印了《党员须知》、《怎样做支部工作》、《论持久战》、《论共产党员的修养》、《游击战术》等书刊。这些书刊报纸，是打击敌人的政治武器，是抗日军民的精神食粮，边区印刷厂在抗战中发挥了重要作用。

皮革厂。皮革厂又称硝皮厂，属后勤部直接领导的有两个，各军分区也办有皮革厂。每个皮革厂大的有百人左右，小的也有几十人。生产子弹盒、手枪壳子、机枪皮套、武装带、皮带、腰带、刺刀筒子等军用品。一个熟练的工人一天能做四到五个子弹盒、手枪壳子两个，机枪套子一个，刺刀筒子十个左右，武装带要两天才能做一个。

新四军五师指战员所需之武器弹药，主要依靠在战场上向敌人缴获。边区的军工生产，限于人力、物力、财力，以致生产能力有限，对战场的供应只能起到补充作用。但是，因能就地制造，具有其不可忽视的优越性，即适应性强。需要什么，就可设计制造什么，如地雷、金瓜弹的制造，就是适应边区游击环境而特制的武器；可以保证需要，如被服的制作，时令不等人，指战员的被服就不能完全依靠到战场去缴获，而必须“未雨绸缪”。因此，在极端困难的条件下发

展起来的边区军工生产，为保证部队供给，争取战争的胜利，是起到了重大的作用的。

（二）民用工业

边区公营的民用工业计有卷烟、造纸、电池、牙刷、毛巾、缝纫、化工、榨油、硝皮、肥皂、织布、印染、针织和文具等厂。主要是生产日用必需品。

民用工业规模一般比较小，有十几人、几十人的，也有少数上百人的，其中规模较大的是烟厂，有数百人之多。工人来自三方面：一是边区政府和部队中选派的；二是从汉口招来的；三是从地方招收的。其工资待遇，从部队下来的工人一般实行供给加奖励。其他人员的工资，略高于供给制标准和在农村临时雇工的报酬水平，一般是计月工资制。为了进一步挖掘潜力，调动工人生产积极性，有时也实行计件工资。经过一段时期的探索，最后实行按质按量，按原料损耗程度计算的计件的累进工资制。除此之外，把过去实行过的年终双薪改为按利润提成，按所得工资比例分红，这对促进产量、质量的提高，原材料的节约，实现优质高产起了很好的作用。

公营的民用工业有以下几个主要行业：

1. 卷烟厂。边区的大型烟厂有大达烟厂和民生烟厂。这两个厂规模较大，产量较多，销路较广，对边区的财政收入贡献也较大。

大达和民生两个烟厂都是在一九四三年三月正式建立的。大达有一个总厂，下设烟丝烟纸厂，卷烟一、二、三厂，共有职工四百余人。工厂分散在翁家冲、傅家洼、姚家田、彭家大堰等地。工厂设正副厂长、指导员和会计师。民生烟厂先设在黄陂蔡店，一九四五年又迁到大塔山汪家畈。烟厂下设卷烟和烟丝烟纸两厂和一个经销部。开始是手工生产，后来发展到用机器生产，有机器二十五台，工人近百人。烟厂生产“木兰山”、“城市”、“地球”、“将军”、“童子军”、“555”、“999”、“无敌”、“指南针”、“美女”、“哈德门”、“单刀”、“双刀”、“梅鹊”等几十种牌号的香烟，价格有六七个等级，其中以“木兰山”、“城市”、“将军”等牌号的香烟，质量最好，销售量大，

除供给边区军民需要，深受军民欢迎外，还远销天门、沔阳敌顽据点及汉口等地。烟丝烟纸厂的任务主要是备好原料，供应卷烟之所需，边区内的手工卷烟户也到两厂购烟丝、盘纸原料，生产卷烟。[1]

2. 民用被服厂。分设在礼南、黄冈、黄陂等县。礼南县新屋畈纺织被服厂。该厂由弹花坊、染坊、缝纫车间组合而成，拥有两架弹花机，缝纫机二十多架。棉花来源，由边区政府组织挑贩队到枣阳、天门等地购运。棉花经过弹花坊加工成棉条，再由各乡村妇救会负责分配给各家妇女纺纱织布。两斤棉花交布一斤，所余一斤归织者，因而她们都乐意参加纺纱织布的工作。[2]白布织成后，由染坊染成灰色，再交缝纫组做成衣服袜子供应市场。

黄冈被服厂。厂址设在赤脚寺。全厂有工人三四十名，用缝纫机生产。[3]

黄陂被服厂。全厂有工人四十人，一天可生产七十套衣服。

3. 造纸厂。分设在大悟和安应等县。大悟山吴家河口有一家造纸厂，全厂三十多人。厂房有六间，全是自己动手盖的草棚子。原材料则就地取材，用稻草、橡树皮、杨桃树藤混杂在一起，经过腐蚀、洗净、粉碎、成浆、网纸烘烤等工艺过程，可制成四开白色油皮纸，专供部队干部战士学习使用。[4]

安应县有两个造纸厂，一个叫俞家陡纸厂，一个叫马鞍山造纸厂，两个纸厂共十二名工人。

二、公营工厂的管理

边区公营工厂虽然在“筚路蓝缕”极端困难的条件下建立起来的，但在建立过程中，仍然注意逐步建立一套必要的管理办法和规章制度。主要有以下几项：

---

〔1〕 原民生烟厂厂长郭家相口述，黄陂县党史办郭国权整理。

〔2〕 余乐进：《忆新屋畈纺织被服厂》。

〔3〕 方修胜、贺治安：《黄冈工业生产调查》。

〔4〕 黄家信：《忆大悟山造纸厂》。

（一）建立厂长负责制，实行集中统一领导

在注意发挥党支部的战斗堡垒作用的同时建立了厂长负责制。在厂内，厂长代表边区政府，全权管理工厂。凡有关生产上的一切问题，厂长都有最后决定权。全体工人、职员，都必须服从厂长统一领导，完成生产任务。

（二）建立必要的规章制度和劳动纪律

没有规矩不能成方圆。边区政府为了办好工厂，订立了下列几项制度：（1）原料与成品的发放、保管、统计制度与工厂动产与不动产的盘存制度；（2）每月产量、质量情况的统计与验收制度。有了这项制度，可以对比月与月之间产量质量的差别，从而促进了质量的提高，产量的增加。（3）厂房规则，劳动纪律及奖惩制度。对内，订立保密条例，设立保密机构；对外，建立情报工作加强情报传递，把严格保密制度与做好情报工作结合起来，确保工厂的安全。[1]

（三）培养先进，以先进带动后进

为了改进工人劳动态度，提高劳动生产率，边区工厂经常通过召开职工大会或职工代表会，表彰先进，开展学先进运动，以先进带后进。[2]

（四）实行劳武结合，能工能战

由于边区工业生产是在战争环境下进行的，因此边区政府给工厂配备了一部分枪支和弹药，以转业军人为基础，吸收一些觉悟较高的青年参加组成护厂队。平时，坚持正常生产，工暇进行军事训练。工厂还把机器、半成品和原材料分散保管，责任落实到人；保管者事先选好藏匿机器及原料的地方，发现敌情后，就能迅速转移疏散。[3]

---

〔1〕 王正道：《边区印刷厂情况》。

〔2〕〔3〕 周达伍：《大达烟厂情况》。

（五）注意提高产品质量，占领市场和扩大销售范围

在这方面大达烟厂做得较好。全厂职工千方百计，收集了“将军”牌，“999”牌、“555”牌和“美女”牌等上等纸烟有关配料资料和英美烟草公司的用料资料，取黄冈烟叶的色、许昌烟叶的香、孝感烟叶的味，选用陈烟上叶，精制成“女将军”牌香烟，无偿地送给武汉的工商界人士试吸，得到他们的赞赏，通过他们的宣传，扩大了影响，使“女将军”牌香烟很快进入武汉市场。[1]

（六）照顾商贩利益，调动商人的积极性，促进商品流通

由于货币不断贬值，为了照顾商人利益，不少民用工厂，其中如大达烟厂的核算是以实物为基础，用边币结算。对顾客运来换购卷烟的军用物资和原料，均以当日价格折实结算。对以现金购货的顾客，按收款时的牌价，折实预收货款，定期交货。在招待所等货期间免收食宿费，使他们不受货币贬值的损失。这一政策促进了商品流通，活跃了资金周转。[2]

（七）正确处理次品，减少浪费，降低成本

这一工作以大达烟厂做得较好，并创造出了经验。大达烟厂开始时，是采取销毁的办法处理残次品，只回收烟丝，这对人力物力浪费很大。后来改为由军政领导机关以行政费一次投资，按月将残次品改成简装烟，按原料成本计价售给投资的一方。不仅解决了干部吸烟问题，年终还按股金分红。这种做法有利于积累建设资金，节约行政开支。充分利用残次品，从而减少了浪费，对国家、集体、个人三方都有利。

三、原材料的解决办法

鄂豫边区的公营工厂，一般是依靠当地出产的原材料，就地取材

[1][2] 周达伍：《大达烟厂情况》。

办起来的。如烟厂、造纸厂、被服厂等都是，它们不存在原材料短缺的问题。存在问题的主要是一些军事工业。一九四二年以前，边区军事工业数量较少，规模也不大，这个问题还不十分突出。一九四二年以后，原材料的问题，就突出起来了。这是因为：第一，敌人对边区的封锁日益加紧，从敌占区输入军工材料的途径，几乎断绝；第二，由于国民党顽固派制造军事摩擦事件，不断向边区进行军事进攻和经济封锁，从国民党统治区输入军工原材料也比较困难；第三，由于战争频繁，前方对枪支弹药的需要越来越大。为了解决军工原材料问题：一是在“打汉奸”没收反革命的财产时，注意查清和收集各种钢铁物品。二是在清扫战场，指定专人收集弹壳。同时还发动群众收集，作价收买。三是边区各级抗日民主政府发动群众将家中废铜废铁收集起来卖给公家。然后将收集所得的废铜废铁，经过熔化变作原材料。在边区党的号召下，广大工农兵群众积极响应，开展了一个收集军工原材料的群众运动，不少群众主动将家中破铜烂铁以及日常使用的铜盆、锡壶卖给边区政府，有的还无偿送给政府，积极支援军工生产，表现了边区人民高度的爱国热情。

四、充分调动工人的劳动热情，提高劳动生产率

在“军事第一，胜利第一”、“一切为着战争”的口号鼓舞下，公营工厂工人的劳动热情空前高涨。为了增加生产，支援抗日战争，他们经常早上班、晚下班，自动加班加点，甚至节假日也不休息，照常生产，不要报酬。列宁曾经指出：“我们的目的是要使每个劳动者，除做八小时‘分内的’生产工作外，还要无报酬地履行对国家的义务。”〔1〕当时鄂豫边区抗日民主根据地公营工厂的许多工人就是这样做的。

工人们的劳动热情，首先表现在刻苦学习技术，大搞创造革新上。公营工厂的工人多数是来自农村，生产中最大的困难是不懂技术。但是他们不怕困难，提出“虚心学、快快学，我们多流汗，前

〔1〕“苏维埃政权的当前任务”，《列宁选集》（第3卷），第525页。

方战士少流血”的战斗口号，并成立技术研究组，开展互教互学；举行产品展览，组织技术经验交流。由于学习认真，他们很快就掌握了技术。在提高技术的基础上，工人们的创造性也大大发挥出来了。例如，兵工厂没有火药，工人就用土法制火药。烧柳枝取炭，从地皮、陈壁上取硝，用土制原料，配制成火药。印刷厂没有铸字机，印刷工人就用土法翻字，先在铅坯上刻出阳文装在翻字盒里，浇上铅水，冷却后倒出来，即成为阴文的铅字，把它当成字模，用以铸字。造纸厂没有原料，他们就地取材，用稻草，橡子树皮，杨桃树藤充作造纸的原料。其次，组织劳动竞赛。列宁说：“组织竞赛在苏维埃政权的经济任务中应当占有显著的地位。”[1]鄂豫边区公营工厂的工人也实践了列宁的这一教导。他们积极开展车间之间、班组之间、个人之间、女工之间、青工之间的多形式的生产竞赛，产量增多了，质量也提高了，竞赛已成为边区公营工厂发展生产的有效办法，在这里劳动已成为光荣豪迈的事业。

五、劳动工资

在战争环境下，边区物质生活条件极其艰苦，边区党委除了主要依靠提高工人爱国主义和共产主义觉悟，调动工人群众的劳动热情，以提高劳动生产率外，还注意了保障工人基本生活条件，尽可能地提高工人的生活水平，改善物质生活条件，以鼓励其劳动生产积极性。

边区工人的生活待遇，一般是实行近乎供给制的低工资。并根据工人的不同情况，稍加区别。工资标准大致可分三类，以养活一个半人为最高工资标准；养活一个人为一般平均工资标准。有特殊技能及特殊情形者最高不超过两个人的生活（计六十天的伙食）。轻工业比重工业减低十分之一计算。[2]等级的规定，由各厂根据：（1）工人技术水平；（2）生产熟练程度；（3）劳动力的强弱等实际情况，参

〔1〕“苏维埃政权的当前任务”，《列宁选集》（第3卷），第525页。

〔2〕“鄂豫皖边区职工总会筹委会关于公营工厂工人工资草案”，《七七月刊》（第一期）1945年。

照行政公署颁布的《劳动保护暂行条例》制定。每半年审定一次。

除固定工资外，对一些特殊情况，也作了相应的规定。如：因公受伤不扣工资；因公致残者按行署《劳动保护暂行条例》第五项十五条处理。但因花柳病停工者，工资停发；无故旷工者，工资停发；预支工资不得超过一个月；家属来厂每次只招待五天，一年不得超过两次，过期由自己负担其伙食；家属在家确实不能维持生活投奔来厂者，除规定的优待外，生活自己负担，厂方尽量设法介绍工作，家属须服从分配，不得偷闲。〔1〕婚丧喜事在工会没有基金以前，由厂方按其情况，给以经济上的帮助（限嫡系亲属，即父母、妻子、儿女）但工龄须在半年以上。〔2〕

除上述低工资制外，还有实行完全“包干制”的。即根据本人最低的需要，享受一般的物质待遇（与革命战士同，必须按期发给）。厂方还酌情发给零用费，但最高不得超过其全部生活费用的五分之一，因病休息零用费照给。患慢性病经医生证明者酌情给调养费。兵工厂工人家属与抗日军人家属享受同等待遇。其他工厂工人家属由工会协助厂方呈请政府与上级机关酌情解决之。家属贫困者，按实际情况酌量发给家属津贴费；家属在家确不能维持生活来厂者，厂方须临时照顾其生活。

第三节　手工业和私营工业

一、手工业

边区的手工业有两种：一种是完全脱离农业生产的独立性手工业，如纸厂、纸烟厂、独立经营的榨坊；另一种是半独立性的，与农

〔1〕〔2〕“鄂豫皖边区职工总会筹委会关于公营工厂工人工资草案”，《七七月刊》（第一期）1945年。

业生产紧密相连，并以农业为主的手工业，如家庭纺织、家庭榨坊。

边区的手工业，有广泛的群众基础和深厚的物质基础，大力提倡，可以用来抵制日货，解决人民生计，供给军民的需要。因此边区政府十分注意加强对手工业的领导。对手工业采取了大力发展的政策，多方设法为手工业者解决生产和销售中的困难，帮助生产者找到广阔的市场。

边区发展手工业的重点是放在与人民生活密切相关的行业方面。

（一）发展纺织业

发展纺织业，不仅是为了解决边区军民穿衣的问题，还在于纺织业实际上是一种家庭副业，可以分散生产。农妇利用农闲和农余时间，就户生产。它可以充分利用剩余劳动时间，增加收入，改善生活。所以边区政府十分注意领导边区人民发展纺织业，从各方面予以积极扶持。一是发放纺织贷款，帮助解决资金问题。一般是由政府贷给棉花，织工把它纺织成布，收取加工费。三斤净花，纺织成长四丈、重三斤的布，共需时间十四天。三斤净花值二百四十元，三斤布值三百六十元，可净赚一百二十元。二是帮助解决销路问题。由边区举办合作社，兼营运销，收购各家各户生产的布匹，成批运送边区内外，直接出售，以减少中间剥削，从而促进了纺织业的发展。

（二）发展榨油业

发展榨油业需要解决以下的困难：一是原料的困难。如芝麻、黄豆等原料缺乏；二是货币的困难。卖油收进边币，到敌占区或边缘区买原料则要伪币或法币，兑换不易；三是运输困难。油料是禁运物资，不准向敌占区运销；销售于我区的油价不高，无利可获。对于上述困难，曾从多方面采取措施，帮助解决。税务局和银行负责调换边币，以解决原料和货币的问题；放宽禁运条例，实行统制办法，即在按优惠价格首先售给边区一部分外，另一部分允许远销敌顽区，并适当降低税额，使成本降低以照顾生产者的利益；组织生产合作，动员中农、富农合伙开榨坊，中农出劳动力及部分资金原料，富农出资本、工具和原料。每个榨坊可组织四十人左右，两天一榨。边区榨油业以安应最发达，全县共有榨油厂一百二十家，拥有厂房九百六十间，车间四百八十个，工人六百余人。每年共计生产菜籽油、芝麻油三十三万六千斤；大豆油、棉籽油一万三千五百六十斤；桐籽油、雪樟油五万四千斤。全县榨油业每年平均产值达十二万零七百九十余元。[1]其经营方式：有采用公私合营的，由县政府投资，利用民间生产设备和人力组织经营。例如唐家畈榨油厂，县里投资二百元，由唐润信兄弟二人组织经营。企业收入除税金、工人工资和固定资产折旧外，由县政府统一分配使用。有采用联营的，如刘家榨坊，由四家联合经营，县政府给以扶植和指导。开始只有一套榨油设备，随着生产的发展，又先后增添了三套榨油设备，并由一个厂发展为四个厂，分别由刘明书、刘明金、刘明俭和刘明辉负责经营，县政府视情况分批收回信贷并按月征税。还有一种是私营的，对于具备生产条件和技术条件的厂家，县政府鼓励其独立经营，自负盈亏，政府照章征税。[2]除安应外，黄陂蔡店的汪河、孙家咀，还有两个榨油厂，有工人二十多名，每个油厂每天能榨油三千多斤，产品远销汉口，每斤价值十多元，最多可卖四十多元，获利较大。

（三）发展日用必需品生产

为发展日用必需品的生产，边区政府采取各种办法，如帮助其向外推销、减轻税率、号召并鼓励边区干部和人民群众多用土布土产等办法，扶植发展。

日用必需品的生产主要有下面一些小型工场和工厂：

1. 电池厂。规模较小，一般只有几个人，例如黄冈电池厂，只有四个人，用手工生产。生产大电池供部队使用。[3]

2. 牙刷厂。也是小型的，只有几个人生产，产品供五师指战员使用。例如黄冈牙刷厂，只有七个人手工生产，每人每天能制五十到一百支牙刷。[4]

---

〔1〕〔2〕 刘厚中：《安应工厂情况调查》。

〔3〕〔4〕 方修胜、贺治安：《黄冈工厂生产调查》。

3. 肥皂厂。规模也较小，土法制作。例如应山肥皂厂，只有五个工人，两口大锅和几个模子，主要原料是皮油和碱，还有少量香料，操作方法是把皮油融化后加碱和香料，拌匀倒在模子里凝固后即成肥皂。[1]

4. 毛巾厂。边区有三个毛巾厂，规模都较小，每厂几十人，几部织机。产品首先满足部队指战员的需要，有余可拿到市场上去卖，以满足根据地人民的需要。如大悟山北麓李家湾毛巾厂，有工人三十六人，除少量临时工外，大部分是刚参军的年轻妇女，也有一部分随军家属，编制和生活待遇同部队一样，全厂有五间厂房，木机八台，每台日产毛巾二十多条。[2]

二、大悟山锅厂

边区规模最大的手工业是铁锅的生产，它对保障边区人民日用必需品的供给、活跃农村经济发挥了一定的作用。边区锅业的生产，以大悟县最发达，规模也最大。在大悟山，有锅厂十家，资本一百多万。它吸引着附近数千农民与之发生经济联系和围绕它开展生产活动。

大悟的铁锅生产，早在一九一六年即已开始，到抗日战争爆发前，大悟已有锅厂十二家。边区政府成立后，恢复生产者十家，停业的有两家。

锅厂资本，多为集股，一般是八股，也有多至十五股的，独家经营的仅一家。各厂规模大致相同，平均每厂资本在十万元左右。锅厂主要生产工具有炉子、模具及风箱。原料一般是就地解决。如铁，一是发动群众从附近河中淘“瓦子铁”；二是破旧锅回炉。炭则取之于刘家山、刘家河一带，每百斤七十五元到八十元。由工厂招雇挑贩，走乡串户收购，以保证原材料的不断供应。工人多是大悟山附近的农

〔1〕 胡安主：《应山工业生产调查》。

〔2〕 丁明华：《忆李家湾毛巾厂》。

民，固定工人除按季发工资外，厂方还供应伙食。每年分三季生产，上季正月到四月；中季五月到八月；下季九月到十二月。上季和下季，正式生产铁锅，中季停止生产，专造模具（因模具只能使用一年）。如炉火正常即所谓“炉火纯青”，每炉约需十一天，其中七天七夜，烧炉铸锅，其余四天整顿产品，维修工具。每季平均可开炉五次。产品由挑贩挑运四乡销售；销售时，用现金购者较少，多以旧铁换新锅，外加铁耗和火钱，这样做是为了保证钢铁原料源源不断地供应。火钱用于开发工资及其他开销，铁耗则为厂方的净利。每个挑贩每次挑锅十二到十六口，除去个人费用及纳税外，一般能赚一百五十元到二百元。

除大悟锅厂外，礼南、陂安南等县，也开设有锅厂；礼南县的锅厂，一般是地主、富农、商人合资经营的。每厂资金约三四十万元，工人由七八人到十多人不等。另外还有为数不少的挑锅和烧炭工人，总计一个工厂约需三百余人，对解决边区劳动就业问题，起了良好的作用。

由于铁锅生产对活跃边区经济，解决劳动就业等方面都起了积极的作用，因此，边区政府十分注意鼓励和扶植其发展，并采取了积极的措施：一是大力宣传党的关于保护私营工商业的新民主主义经济政策，打消其顾虑，使私营工商业敢于大胆放手经营。二是帮助解决其原材料困难问题，例如厂方感到缺炭，边区政府即采取统制木炭的政策，防止木炭外流，以保障锅厂对木炭的需求。锅厂对铁料来源感到恐慌，边区政府设法帮助解决货源，并且动员群众以旧锅铁换新锅，以保证再生产的顺利进行。三是制定正确的劳动政策，一面教育工人遵守劳动纪律，努力生产，使资本家有利可图；另一面督促资本家保证工人生活得到切实的改善。

三、边区最大的私营工业企业应城膏盐矿

应城膏盐矿是边区最大的私营工业，一九三七年石膏产量达七万四千吨，是全国最大的石膏矿区，产量占全国总产量的百分之九十

左右。食盐生产在最盛时期年产达六十万担。在抗战前，每年产值约达三百多万银元。在食盐产量较高的年份，膏盐两项总产值还大大超过了此数。矿工约八九千人；制盐工人一万人左右；钻井工人一二千人；此外运输工人和船员等约七八千人，共计约二万七八千人，其中一部分杂工和运输工是附近的农民充任的。

经营石膏洞的一般都是本县或邻县的地主和商业资本家等；还有一些是原来膏洞的把头“上升”为资本家的。多数资本家每家占有洞一对，最大的一家“韩城记”占有膏洞二十对。抗战前夕，全矿区膏洞有七十多对，制盐厂一百零八个。

榨取矿区工人血汗的，除了矿洞资本家外，还有封建把头和来自矿外的掠夺者，其中主要是购石膏的机构。如“应城石膏公司”、“石膏官局”、“官膏总局”、“石膏专卖局”、“应城石膏股份有限公司”等。抗战时期，日本帝国主义利用汪伪组织的名义，成立“应城膏盐公司”，对应城膏盐生产进行限制和掠夺。

工人劳动重，工时长，工资低。锤工工资每班二吊三百钱，合银洋五角左右；拖工、抬工、天洞工的工资每班二吊九百钱；机工、棚工工资最低，棚工每日只六百四十钱。劳动时间长，一般以四十八小时为一班。

为了驱使工人多干活和镇压工人的反抗，矿区资本家和封建把头狼狈为奸，采用“跑马射箭”、“猴子观灯”、“腌鸡蛋”、“过火油山”、“活剥皮”、“放羊吃草”、“游四门”、“披麻戴孝”、“树上吊人”、“活埋”等酷刑来镇压反抗或干活少的工人。[1]

应城膏矿地区在敌人控制之下，对应城膏矿资本家，我们采取的政策，总的来讲是实行保护民族工商业政策，团结民族资产阶级，共同对敌。但对其残酷剥削压迫工人的行为也进行了必要的批评教育，以限制资本家的剥削和压迫，改善工人生活，调动工人抗日和生产的积极性。膏矿资本家对我边区的捐献，特别是在我根据地初创时期曾起过很大的作用。

---

〔1〕“敌伪顽匪铁蹄下的矿区”，《应城通讯》，1941年3月31日。

第七章 商　业

第一节　边区商业的发展

一、发展边区商业的必要性

商业，在任何社会经济形态中都占有十分重要的地位。在伟大的抗日战争时期，发展根据地的商业经济更具有特殊的意义。华中抗日根据地鄂豫边区的商业，在促进边区经济发展，增加收入，保证军需民用，打破敌人的封锁，最后取得抗日战争胜利等方面，都发挥了巨大的作用。因而，边区党委、边区行署在八年抗日战争中始终抓住大力发展商业经济，不断改善和加强对商业工作的领导。

日本侵略者为了变中国为其殖民地和支持太平洋侵略战争，在中国疯狂推行“以战养战”的政策，加紧掠夺占领区，对我根据地进行残酷的经济封锁。根据地急需的工业品，一律不准运进。如果某些工业品运进我边区，一旦被他们抓获，货被没收，人被杀害；企图利用物资困难，困死根据地人民。国民党顽固派消极抗日，积极反共，对鄂豫边区进行军事摩擦和经济封锁，使鄂豫边区根据地物资供应十分紧张，百姓对粮食产生恐慌。法币贬值，物价急剧上涨，严重影响边区人民的生活和机关、部队的供给，边区的农产品源源不断地

向敌占区外流；而边区急需的工业品以极高的价格也难买到；不急需的消耗品如化妆品、香烟等，则大量向边区倾销。为了打破敌顽的经济封锁与掠夺，保证人民生活、生产必需品的供给，必须大力发展边区的商业。

在边区发展商业，存在很多有利条件：边区物产丰富，群众有通商的习惯与要求；有较方便的水陆交通，有一批小集镇和小通商口岸；有一批善于经商的中小商人和挑贩。边区党委充分利用这些有利条件，制定正确的政策，调动群众的积极性，使根据地的商业很快恢复和发展起来了。

边区的商业，有国营商业，还有一批合作社商业，更有大量的私营商业。这些不同的商业，构成了鄂豫边区新民主主义的商业的网，对发展经济，保障供给，反对经济封锁与掠夺，满足军需民用，坚持长期抗战，做出了很大的贡献。

二、边区商业的发展

边区商业的发展，大体经历了三个阶段。

第一阶段（一九三九到一九四〇年九月）：禁运、封锁、停滞阶段。

鄂豫边区刚建立时，除有个别的供销合作社和少数私营商业尚在经营外，商业几乎陷于停滞状态，对外贸不仅没有开展，而且采取禁运政策。“出入口贸易和各种群众性的合作社，没有很好的组织起来，对于敌人的掠夺和封锁未能给予有力的打击，对于内地工商业的停滞现象，也是听其自然，没有设法打开”。[1]

边区禁运政策，对抵制日寇的掠夺起过一定的作用。但边区处于分割包围之中，仅有一些小集镇，实行物资禁运，群众不能用多余产品换回生活必需品。这不仅妨碍了对外贸易，也影响了内贸的合理发展，损害了群众的利益。而且，由于实际的需要，封锁政策也难于实

---

〔1〕 许子威：《论鄂豫边区的财政经济工作》，1941 年 7 月。

行，群众白天不运晚间运，不走大路走小路。敌人千方百计地通过私商、洋行、伪合作社，以毫无价值的伪钞套购、偷运边区的禁运物资，抛售奢侈品，高价出卖食盐。这样，禁运、封锁政策又“恰恰中了敌人‘以战养战’和经济封锁的毒计”。[1]

第二阶段（一九四〇年九月到一九四二年底）：商业的发展阶段。

一九四〇年九月，边区召开了第一次军政代表大会，十月又召开了边区财经工作会议。会议提出了发展合作社，在不伤民、不资敌的原则下，进行粮食、贸易统制；即有领导地进行交流。不久，边区政府颁发了《粮食统制暂行条例》《贸易统制暂行条例》，成立了贸易统制总局，在贸易总局领导下一些集镇成立了粮盐销售处、合作社、交易所、商业公会，开展对外贸易统制，对内贸易自由。实行保护各革命阶级的利益，保护工商业，增加农业生产，创造自给自足的经济力量，改善人民生活的政策。

一九四一年四月，边区召开的第二次军政代表会，成立了鄂豫边区行政公署，通过了《普遍发展合作事业，改善人民生活案》《整理接收各县贸易统制局；以期统一税制，加强对敌经济封锁案》《反对敌人经济封锁、实行粮食统制案》，明确规定：“发展工商业，奖励私人投资，经营有利于民生之各种商业，并保护其发展”；普遍“发展合作事业”；对外厉行“对敌统制政策”，“坚决执行粮食、耕牛和食盐的统制政策”；设立边区银行，“举办各种贷款，取缔高利贷，发行流通券，便利商业，巩固法币信用，反对敌伪奸商操纵与破坏”。[2]会后，边区党政领导抽调大批干部充实各县财经部门。鄂豫边的商业工作有了发展，各县成立了贸易分局，供销、运输合作社也有一定的发展，私人商业也在通商口岸发展起来。

一九四二年元月，边区党委又作出了《关于经济建设的决定》，进一步强调扩大自给产品，摆脱对外的依赖，强调多生产土产品，换取必需物资。同年三月一日至二十三日，边区召开了第一届抗日人民

〔1〕 许子威：《一九四二年边区民主建设的回顾》，1942 年 12 月。
〔2〕 许子威：《鄂豫边区军政联合办事处第二次军政代表大会上的报告》。

代表大会。大会通过了《鄂豫边区施政纲领》，《纲领》全面地规定了边区商业工作发展的方针：“积极发展边区工业生产与商业流通，兴办手工业，改良纺织工业，普遍设立合作社，廉价供给人民日用必需品，推销土产品，欢迎与奖励边区境内外工商业资本家在边区投资兴办实业，保护正当的自由贸易，严禁奸商垄断，统制对外贸易，保护水陆运输，打击敌伪走私，禁止必需品出境，限制非必需品入境”。

代表大会的召开和《施政纲领》的公布，调动了公营商业、合作社和私营商业的积极性，打破了敌人的封锁，促进了商业的初步发展，基本上保证了军需民用。

第三阶段（一九四三年到一九四五年八月）：商业发展较完善阶段。

一九四三年七月底至八月初，边区召开了财粮会议。强调进一步加强物资统制，建立和健全财政制度，消灭贪污浪费等四项原则。强调要使财经工作更好更快地走上正轨，“建设摔不垮、打不烂的独立战略单位的工作”，以便“尽其最伟大的物资保证作用”。[1]

为了使商业工作制度化，以进一步发展经济，反对封锁，保证抗战胜利，从一九四三年四月开始，先后制定了《鄂豫边区物资统制局颁发出入口特许证暂行办法》《鄂豫边区物资统制局关税税制》《鄂豫边区物资统制局关税税率》《关税征收办法》《鄂豫边区物资统制局缉私办法》《鄂豫边区商会同业公会暂行办法》《鄂豫边区合作社组织规程》和《关于各地物资局今后签发内地运输通行证，后方进口免税证的通知》等法令条例，具体规定了商业贸易的各种政策。

依照这一整套的制度、法令、政策，边区政府一方面大力发展工、农、副业生产，增加必需品；另一方面，通过公营商业、合作社、私商各种渠道收购粮、棉、油及各种土特产品，进行对外贸易。这些工作，使边区商业工作，在物资交流，繁荣经济，保障供给，改

〔1〕 刘子厚：《四年半来边区财政工作的总结及会后的任务》。

善人民生活，打击敌伪顽的经济封锁与掠夺，建设新民主主义经济中，发挥了重要作用。

第二节　合作社商业

一、边区合作商业的发展

一九四〇年十一月中共中央在《关于建立与巩固华中新根据地的指示》中明确指示各抗日根据地要“开展合作运动”。边区党委根据中央指示和鄂豫边区农村的实际以及敌人对边区实行垄断与封锁等情况，深刻认识到“要想真正做到发展生产，自给自足，统制贸易，打破封锁，不经过合作的道路是行不通的”。[1]因此，随着边区民主政权的建立，开始注意发展合作社。在一九四一年前后，在信南、应城、汉川等少数地区首先试办合作社。一九四二年在边区二十几个县、区、乡普遍地兴办合作社。一九四三年以后，随着根据地的巩固与扩大，合作社在边区普遍发展起来了。

边区的合作社是在党的正确方针政策指导下建立和发展起来的。而这些方针政策是在实践中逐渐形成的，它经历了一个发展过程：

一九四一年，边区召开第二次军政代表大会。会上丁连三、沈少华、许子威八人联名提出“普遍发展边区合作社，改善人民生活”的提案。指出：“查敌伪在我边区大量倾销其仇货，并大批收买我物品，而一般奸商从中间剥削，使市场物价高涨，影响人民生活非浅，兹拟普遍发展合作社事业，集资调剂边区物品之供给，稳定市价，减除中间剥削，组织生产出口，以便改善民生。”提案还对合作社的组织形式、资金来源、营业范围等方面提出了合理化建议。提出：

[1] 许子威:《鄂豫边区第二次军政大会上的报告》，1941 年。

"一、边区设立运销供给公用合作社总联合社；二、各县设立运销供给公用合作社联合社；三、各区设立运销供给公用合作社联合社；四、各乡设立运销供给公用合作社。""股金定额：一、联合总社暂定十万元；二、县联社暂定五万元；三、区联社暂定一万元；四、乡合作社暂定五千元"。"股金筹集：一、总联社由行政公署筹集；二、各县各级合作社股金，除政府投资百分之二十，总联社投资百分之十外，其余均由各县自行筹集，但以群众团体占百分之四十，私人股金占百分之三十为原则"。"营业范围：一、收买与运销当地之一切产品（粮食工业原料等）；二、采办与销售当地人民团体政府部队之生活必需品及待用资料；三、举办与制造当地公共需要之设备（耕牛站、榨油、轧花、碾米站等），及各种农业工业用具。四、代理边区银行对各种生产事业上小本借贷与边币之兑换。"[1]大会通过了他们的提案，并付诸实行。

一九四二年边区党委作出的《关于经济建设的决定》中强调在发展边区土产品生产的基础上，增加土特产品的出境，换取必需品和外币，要求大力发展合作社商业。一九四二年三月在《边区施政纲领》中又明确规定："普遍发展合作社，廉价供给人民日用必需品，推销土特产品"。在这些方针的指引下，边区的合作社商业普遍发展起来了。为了使合作社更加健康地向前发展，一九四三年边区行政公署制定了《合作组织章程》，对合作社的性质、任务、经营原则和办法作了详细规定。主要内容有以下几方面：

1. 合作社组织"以改善军民生活，帮助战时物资统制为原则"，是在"各级政府之建设部门，边区物资统制局及建设银行"的指导和协助下，部队机关和人民群众组织的集体经济。"合作社以群众自愿组织为原则"，如某些地区"急需组织合作社而在事实上又一时难以实现时，政府机关群众团体及军事机关在有计划的吸收群众参加的条件之下，亦得以合作社名义开始经营"。"合作社业务，分供给、运销、生产和信用四种，必要时同一合作社得兼营数种业

---

〔1〕《鄂豫边区第二次军政大会通过的重要提案》，1941 年。

务”。

2. 坚持公私兼顾原则。章程规定“生产运销及供销合作社之社员均得以劳力或原料折合作股金”。盈余分配，规定：“提公积金百分之二十（必要时应稍低）；提优抗公益金百分之二十（必要时应稍低）；提职员酬劳金百分之五至百分之十；余额作为社员的红息。”

3. 坚持民主办社方针。合作社社员分个人社员与团体社员（军政机关及群众团体等）。个人社员与团体社员之权利义务一律平等。有的大合作社设理事会，由社员大会选举理事五人至九人组成，任期一年，连选得连任，负责执行社员大会的决议，管理社务与业务，管理一切财产，向社员报告工作，公布账目，受社员和群众团体的监督。人数少的小社不设立理事会，其职权直接由社员大会行使之。

鄂豫边区合作社主要以发展供销合作社为主。合作社有以下几种形式：

第一，消费合作社，承担采办当地民众、军队与政府机关所需要的各种生活物资，如：油、盐、粮米、布及其他生活日用品，低价供给社员与抗属。

第二，运销合作社，承担收买和运销当地各种农副业和手工业产品，帮助生产者推销土特产品，协助政府到敌占区或国统区购进边区的必需物资。

第三，生产、消费、运输三结合的合作社，它是促进生产发展，增加社员收入的较好形式。根据边区平原、山地、湖区等不同条件，农民、手工业者自行组织起纺织、烧炭、榨油、养鱼等生产合作社。为了便于直接出售自己的产品，减少商人中间的剥削，要求生产合作社兼搞运销业务，因此出现了生产、运销和消费三结合的合作社。其中又以供给运销相结合的消费合作社占多数。它不仅供给社员、抗属必需日用品，而且还经营农产品与手工业产品的运销，消费合作社以经营粮米、食盐为大宗。在地、县、区、乡等都创办了粮盐合作社。它们在调剂边区粮盐供给、战胜粮荒、稳定物价、实行粮盐统制等方面都起了重要作用。

第四，运输队（或运输小组）。它们在发展边区内部物资交流和沟通内外流通渠道方面都占有重要地位。由于边区处在日伪对峙的三角地带，并被分割成几十个小豆腐块，交通十分不便，根据地之间的物资交流及边区对外贸易主要依靠挑贩运输。由贸易公司或公营企业将行商和挑贩组织成运输队或运输小组，给他们予以资助，预付给运输费，通过运输队或运输小组为边区出售土特产品，购进粮盐、工业品以及军需用品。运输队在边区有很大发展。根据一九四一年鄂中根据地十个运输合作社的统计，其资金就达三万八千七百余元。各种形式的合作商业采取公助民办，军助民办，群众集股自办以及商人合资联营等办法筹集股金。

二、几个有代表性的合作社

（一）信南地区运输合作社

信南地区（信阳南部）属于信（阳）应（城）军政办事处管辖，这里山林茂密，物产丰富，盛产烤烟、黄花、药材、白木耳、人参、桂圆、木材。但该地缺乏食盐、糖以及其他轻工业产品。根据这一情况，他们采取群众入股合资经营的办法，办起了运销合作社，承担收购本地土特产品，到敌占区或国统区推销，并从那里购入食盐、糖等轻工业必需品，优先低价供应社员，社员还按期分红。因此，这里的合作社在群众中威信很高。[1]

（二）汉川地区粮食合作社

汉川地区是湖区，缺乏粮食。根据群众需要举办了粮食合作社。一九四二年组织的夏家沟合作社，主要到外地运输粮谷。如有一次就组织一百匹骡马，去京山的罗店收购米谷，经过毛家河，再用渔船运到湖区供应缺粮的渔民。该地区先后成立了韩集、横堤、里潭、杨

[1] 参阅《胡泽民同志的回忆》，1983年4月。

集、杨池等五个乡合作社，深受群众欢迎。[1]

（三）应城粮食合作社

应城县是粮食产区，为保障军需民用，支援灾区，防止投机商操纵市场和粮食外流，他们采取取消私行、建立公行，组织粮食合作社的办法，效果很好，不仅保证了军需民食，还有盈利。以一九四一年五月为例，全月盈利三千元。为了方便群众，合作社还供应盐及其他日用品。他们经营合作社的资金，是由政府资助一千元，吸收商人参加，以二十元为一股，共二千元。[2]

（四）应城食盐合作社

应城是生产膏盐的基地，但膏盐矿区已被敌人所控制，他们对边区实行食盐封锁政策。使应城以及鄂中地区的人民吃不到盐；敌人还采取杀害盐贩等毒辣手段，迫使农民到维持会去领盐。应城县委和行政委员会除了发动工人与敌人进行斗争外，主要依靠举办食盐合作社，组织运输队通过各种途径设法到敌占区贩运食盐进来，平价供给群众。群众如果到维持会买盐，每斤要花三元，甚至四至五元；而我们合作社的食盐每斤只需二元，最高不超过二元四角。应城食盐合作社，解决了人民吃盐的困难，打破了敌人的食盐封锁。

这几个地区兴办的合作社，创造了一些宝贵经验：主要是必须根据平原、山地、湖区各自不同的条件，群众的需要以及对敌斗争的形势，坚持从实际需要出发，因地制宜，决不可从主观意愿出发，生搬硬套别地的经验；必须坚持自愿互利原则，动员群众自觉参加，决不可强迫命令。孝感地区有一个保由于遇到荒年，群众需要买粮食吃；该保出产烟叶需要卖出去，换钱买粮。要解决买进、卖出的问题，需要建立运输合作社。但建社开始由于没有经验，筹备办社的干部，简单从事，采取强迫拉夫的办法，群众勉强报了两万多元股金，可是事

---

〔1〕 史光：《县城沦落后的汉川》，1941 年。
〔2〕 张谦光：《两年来的应城》，1941 年。

后只收到数百元，因为群众误认为这是派捐款，怕吃亏，结果使这次合作社没能建成。第二次以农救会为主，召开保甲长、农救会小组长会议进行协商；同时，深入细致地做动员群众工作，并坚持自愿入股的原则，结果共集股资金二万多元，入股户数占全保户数三分之一，[1]解决了农民的两个迫切的要求，因而获得健康发展。

第三节　公营商业

鄂豫边区的公营经济虽然数量不多，但在边区经济中占有重要地位，它能集中一些资金和物力，通过商业贸易领导机构，加强对合作商业的领导，从而日益发挥公营经济在调剂物资交流、控制对外贸易中的重要作用。黄陂县的蔡店、陂安南贸易公司，就是一个突出的例子。

蔡店贸易公司，成立于一九四二年九月。公司直属边区行政公署财政处领导，在黄陂县政府直接协助下进行工作。蔡店贸易公司设一综合性商店，并负责管理德兴、谦益、公益和抗大四大公营商行。德兴、谦益、公益等商行主要经营粮食、植物油、食盐和棉花；抗大商行主要经营文具、纸张和医药用品等。陂安南贸易公司，是一九四五年三月从蔡店分出来的，它在长堰和同兴集各设了一个综合性商店，经营的范围很广。有铁木农具、煤炭、盘纸、钞票纸、高级油墨、香料、烧碱等；生活资料有粮食、植物油、食盐、糖、布匹、杂货以及医药、文化用品等；还经营大量皮木油、烟叶等土特产品。

蔡店、陂安南贸易公司及其管理的公营商业，通过发放收购贷款，组织原材料供应和收购农副产品等运销活动，使这些地区遭到破坏的工农业生产得到恢复和发展，为繁荣当地的经济，提供了物资条件。他们的做法主要有以下几点：

1. 通过不同的渠道，积极动员和扶植当地群众组织运输队，带

〔1〕《保合作社是怎么办起来的》，1944 年。

着我区剩余物资到毗邻地区换取我区必需的食盐和许昌烟叶、煤炭、粉纸、棉花等物资。根据地缺什么就组织供应什么。不仅采购根据地缺乏的西药和文化用品，而且套购了大量重要工业原料和军用物资。

2. 贸易公司管理的公营商店，除了直接经营购销业务外，还委托各乡镇的私营商业和行栈代购代销，按百分之一至百分之二付给手续费。并逐步发展公私合营性质的商业，由公方代表任经理，私方代表任副经理，主要资金由公司承担，并发动私营行栈参加和投资，这种公私合营商业主要经营粮、棉、油、食盐、棉花、土布和其他土特产品的批发业务，公司也随时委托收购统购统销物资。

3. 在公司的协助下，一九四三年底，蔡店建立一个供销合作总社，除经营生活日用品和生产资料外，还为各乡村消费合作社服务。一九四四年春，曾组织一支专业运输队，长期到外地贩运食盐和棉花；同时，采取签订合同的方式，组织各村妇女织布，由合作社供给妇女棉花和收购他们生产的土布，推动了农村副业生产的发展。

蔡店、陂安南地区的合作商业，在贸易公司和公营商业的扶助和组织领导下，得到很大发展，使该地区由原来私营商业独占市场，发展成为以公营经济领导的合作社商业和私营商业相结合的多种经济成分的商业市场。由过去隔天逢集，发展到天天逢集的繁荣市场，成为边区根据地经济中心之一。蔡店曾有“小汉口”之称。[1]

第四节　私营商业

一、边区私营商业的发展

鄂豫边区的商业，除公营、合作社外，大量的是私营商业。

---

〔1〕 王正道:《鄂豫边区蔡店贸易公司的回顾》，1982 年。

鄂豫边区是小商品经济比较活跃的地区。边区处在敌人分割、包围的游击战争环境里，需要利用私营商业多方面的社会关系，灵活的经营方式和丰富的经营管理经验，来发挥他们在沟通根据地内外物资渠道，反对敌人经济封锁，建设根据地经济的重要作用。

边区政府一开始，就坚决贯彻统一战线政策，注意团结民族资产阶级。而爱国工商业者，也以捐款、借粮和为抗日做生意来支持边区政府和军队抗日。但由于初期具体政策没跟上和存在一些“左”的影响，根据地出现过工商业者捐款过多，负担过重现象，正当的商业却没有得到发展，根据地内的自由贸易受到了影响。

党中央、华中局向各地发出指示，及时纠正了这些“左”的倾向。一九四零年中央指出：“对商人政策要妥当，根据地内商业应有自由，对敌区商业应有一定限度的统制，对于各种负担，应按有力出力，有钱出钱的原则，但根据地居民百分之八十以上的人口，均应负担，不可将负担完全放在富有者身上”。[1]毛泽东同志在《论政策》中也指出：“应该积极发展工农业和商品的流通，应该吸引愿来的外地资本家到我抗日根据地开办实业。应该奖励民营企业，而把政府经营的国营企业只当作整个企业的一部分。凡此都是为了达到自给自足的目的”。[2]华中局也指出：“工商者之战时负担，因农村环境，商业分散与党的市镇工作基础比较薄弱，一时甚难有切合实际之解决办法，目下实际征收商人公粮之地区，与实际征收营业税之地区，均应分别研究改进征收办法，以便互相参考，同时，各地区应就其辖区地内之主要市镇，选择各种商业之典型进行实地调查，研究对工商业征收直接税的最切合实际之办法”。[3]

根据上级党委的指示，边区和边区私营商业的实际情况，鄂豫边区党委和政府克服了过去工作中的缺点，制定了切合实际的发展私营商业的政策。边区政府发展私营商业的政策，主要的有下列几点：

1. 保护正当的私营商业，允许自由贸易。一九四二年《鄂豫边

---

〔1〕《中央关于建立与巩固华中根据地的指示》，1940 年 11 月。

〔2〕《毛泽东选集》多卷本，第 783 页。

〔3〕华中局财政经济会议关于粮赋征收办法与商人负担的指示草案。

区施政纲领》规定："欢迎与奖励边区境内外工商业资本家在边区投资兴办实业，保护正当的贸易自由。"

2. 保护敌占区的商人，允许他们到根据地来经商。边区政府鼓励根据地外的资本家来根据地投资办企业，允许敌占区的商人进入根据地营业，并保证他们的安全。

3. 坚决打击奸商，严禁垄断居奇，偷运资敌。"对于一切以贩卖敌货为生的中下层商人，我们采取了极艰苦的说服教育的方式，教育他们不要作对抗战不利的买卖，而对那些顽固不化的奸商，则坚决打击，没收仇货，以作警告，坚决顽抗者则执行严厉措施，以打一儆百，争取那些大商人不要专发国难财。对于个别的老百姓，把我区的米粮资敌，就由政府或部队出钱买下，劝其以后再不要作资敌的买卖。而对那些专门将我区出产之禁运物品资敌者，则实行没收，以至处死刑。"〔1〕

4. 实行合理的税收政策。对私营商业，分别不同情况征收一定的税收。一般分为座商税和行商税两种："座商税"是对固定的店铺征收营业税，由政府发给座商营业执照，按其股本多少和营业流水账征收，并对不同产品规定不同的税率。"行商税"是对来往于根据地内外的商贩征收营业税、过境税。

5. 吸收商人中的代表人物参加政权和经济领导工作，鄂豫边区抗日民主政权是按照"三三制"原则建立起来的。吸收民族资产阶级和开明士绅参加政权工作。他们中不少人参加了经济领导工作。如信（阳）南的开明地主聂××，就当过信南专区的贸易管理局局长。通过商人中的代表人物参加边区商业领导工作，有利于团结广大商人，繁荣边区贸易。

以上对私营商业的政策，是随着商业的发展逐渐提出的，尽管还存在一些不完善的地方，各地贯彻当中也不平衡，但是党的保护民族工商业的方针在边区基本上得到了贯彻。

〔1〕 陈少敏：《艰苦奋斗的三周年》。

二、私营商业的几种类型

鄂豫边区根据地内的私营商业，大体上只有民族资本主义商业和小商贩两种：

（一）资本主义商业

鄂豫边区的资本主义商业，从经营的方式上说，分为座商和行商两种。

座商：是指在集镇上开设店铺的私营商业。座商在边区的各集镇均有，随着大、中、小城市的失陷，一些城市的商人转移一部分资金到边区开设商店，使边区座商大为增加，如安应的赵家棚，有盐行、油行、山货行、杂货店等数十家。黄陂县的蔡店，有油盐、匹头、百货、文具、杂货、医药、屠宰、服务八行。天门河西岸，金河滩有几十家粮行、渔行、油行。汉川韩家集有十几家粮行、渔行。长江北岸石公华根据地古长堤，有花行、杂粮行、饭店、酒馆、药店、百货商店等等。

座商的经营方式：收购和出售农副土特产品；从外地采购工业生活必需品出售；加工一定的产品出售或组织商品交易；收取边区政府所允许的“行佣”，等等。

行商：是指流动商业。这种商业在边区各地都有，一种是为边区服务的，来往于边区各根据地之间及集镇与乡村之间；一种是过境商人。这里所讲的行商主要是前者。

无论座商和行商，对促进边区的物资交流，保障供给，建设根据地，都起了积极的作用。当然，也有少数不法资本家，垄断市场，抬高物价，进行非法经营，为群众所痛恨。如汉川韩家集十三个私商组成渔行，仍以旧的经营方式进行非法活动，渔民“非由渔行过秤，不得出卖”，渔民卖鱼，强迫缴纳“行佣”。群众对之非常痛恨，称之为“渔霸”、“十三太保”。有的商人为了赚钱，不顾根据地建设的需要，任意宰杀耕牛，破坏了生产力。有的抗拒交税。

为了发展正当商业，克服和纠正不法行为，边区政府采取以下措施：

1. 组织商会、商业同业公会。同业公会，是由同一性质的行业组成。商会，以集镇为单位组成，分团体成员与个人成员，而以各同业公会团体成员为主。商会与同业公会的任务是协助政府和物资统制局调剂运销事宜，即指导同业会员的物资出境；登记及清查同业会员之业务并代其办理出境特许证；处理抬高物价及其他违法事项，评定物价；管理外汇通货，代办建设银行兑换业务；担保同业会员向银行借款事项；为物统局办理签发内地营运证，免税出境证等等。总之，同业公会和商会是边区政府团结商人、发展正当贸易、进行对敌斗争、协助政府进行物资统制之有效组织。

2. 实行公行制。鄂豫边区根据地内，存在着旧中国遗留下来的促成买卖成交而收取佣金的伢行，如米行、盐行、山货行、花行等等。它对促进物资交流起着一定的积极作用，但它也有操纵价格，垄断市场，从事中间剥削的消极的一面。为了把私营商业引向正常发展，边区政府曾着手改造这种伢行，先是取消私人伢行，成立粮食集销处。以后，为适应对敌斗争和发展根据地贸易的需要，由伢行集资，政府投资，组织集体所有制的经济组织。这种组织被称为公行，有的称合作社，实际上是带有公私合营性质的企业。

公行首先在陂安南实行。一九四三年七月，边区财经会议总结了公行的经验后，在大部分地区推广。如黄陂的蔡店、汉川的韩集、安应的赵家棚等地，都设有各种名目的公行。有的地方将公行的经营进行分工，粮食公行专门经营米、麦、杂粮、油类、食盐等主要禁运物资；山货公行专门经营各种皮毛、土产、药材及少数的禁运物资。公行的任务，是在政府的领导下，介绍买卖双方成交，按成交金额向买方提取百分之三，卖方百分之二的手续费，同时必须在手续费中按章缴纳百分之三的营业税。

3. 采取扶植私营商业又加以必要的限制的政策。边区政府用各种办法扶植私营商业的正常发展，对私商只征收一定的营业税，资金不足的，政府还通过银行给予一定的贷款。但其商品以在内地营运为原则，按质按量供给合作社、集镇油盐店、杂货铺和卖给边区人民。

对违反物资进出境规定贩运禁运品者处以罚款。如安应石门一个商人，企图贩卖禁运品蚕豆、桐油，乡公所发现后禁止贩运并罚款四十元大洋。陂安南私商出售掺假食油，高抬物价、短秤少两、将病猪充当好肉卖，并且拒用边币。公营贸易公司发现后上报行署进行了严肃处理，并枪决了严重违法和拒用边币的犯罪分子。

上述这些措施，限制了私商的消极破坏作用，促使他们朝着有利于发展边区经济的方向发展。但是，由于复杂的斗争环境，一些从事经济工作的干部存在着经验不足、思想简单和单纯完成征税任务的倾向；同时，鄂豫边区根据地内对私商的政策，也存在着一些缺点和错误。

一是商人负担过重，如安应地区曾出现过营业税过重的现象，豆腐店一度因此而歇业。二是边区工作中曾经出现过一些强迫命令，脱离群众的官僚主义，侵犯了小资产阶级商人的利益。三是把民族资本主义商业当封建经济来反。如汉川韩家集的“十三公行”，有几个老板在经营中有违法行为。对于这些违法行为应该进行必要的斗争，以克服其破坏倾向。但是韩家集地区的民主改革工作组，却把“十三公行”的资本主义破坏倾向看成封建主义，发动群众进行所谓“攻封建堡垒”的斗争，混淆了资本主义与封建主义的政策界线。这些缺点、错误，边区政府发现后及时采取措施给予了纠正。

（二）个体小商贩

个体小商贩是以生产资料个体所有制为基础的个体劳动者商业。一般只有少量的本钱，或开设小商店，或摆摊设点，或肩挑贩运，流动叫卖。他们是靠自己从事商品流通中的劳动为生活的全部或主要来源；也有的是作为农闲中的副业而从事贩运，以补充生活来源的不足。在根据地被分割、包围的情况下，他们一直担负着根据地内收购、销售和运输的重大任务，是沟通商品流通、满足军需民食的重要渠道。

小商贩又是商品流通中的小私有者，与资本主义经济有着密切

联系，因而又有资本主义自发倾向和投机倾向。边区政府对小商贩进行了宣传教育，采取措施引导他们向健康方向发展，充分发挥其积极作用。

挑贩的种类：从时间上分有两种：一种是短挑，带有季节性，农忙时不挑，农闲时，如冬、腊、正三个月，常在外面挑运。一种是长挑，除农忙的几天外，经常在外挑运。所挑货物，一般为炭、棉花、盐、皮油、油、铁锅、猪娃子、客货、腊肉等。

挑贩的成本：如挑棉花、盐、皮油、猪娃、腊肉、锅，须得三千元以上的资本，这种挑贩大多数都是富农及富裕中农经营的。挑客货、炭等须二百至五百元资本，这些挑贩贫农搞的多。

挑贩成本的来源：第一种是自己的，这只有富农、富裕中农及一部分中农有。第二种是向别家筹借，这一部分有中农及贫农。第三种是“约会”，这是比较流行的办法，整借零付，利息高低不一。

挑贩的利润：挑炭的，从大悟山运往陂西区，须三天功夫，成本三百元，除吃外，每趟可赚一百元至二百元。挑棉花的，来往要六七日，买进棉花五十元一斤，经过路上过税、吃、住店，到家后每斤须耗花六十多元，卖给本地的花行和贩子，每斤七十多元，每斤赚八至九元，每挑六十斤可赚五百至六百元。挑盐的、进货每斤价四十三元，经过十天左右路程的吃、住，每斤要花成本六十元，卖给盐行或贩子每斤七十二元，一挑六十斤，可赚七百二十多元。挑客货（罐子、水壶等），需成本二百多元，三两天来回，可赚三升多米。

三、边区的集市贸易

集市贸易是农村市镇及城市郊区定期进行的商品交易，是以小私有制为基础的小商品生产的产物。在半封建半殖民地的旧中国，集市贸易是封建经济和资本主义经济的附庸。但是，在鄂豫边根据地，由于没有大城市和大的通商口岸，集市贸易就成为边区政府领导下商品流通的主要场所。同时，由于大、中、小城市都被日寇占领，一些不愿当亡国奴的商人，把资金转到根据地的小集镇开商店。因此，

鄂豫边区的集市贸易也逐渐活跃、繁荣起来了。

鄂豫边区的集市贸易各地都有，比较出名的有礼山的滚子河，安陆的赵家棚，黄陂的蔡店、双河集、姚家集，黄安的梅店，汉川的韩家集，石首的古长堤等等。

赵家棚是安应县的重镇。集镇上有油行二家、盐行八家、杂货铺十余家、屠案三十二家、豆腐铺三十二家、山货行八家，共计有上百个门面。经营的货物有：菜籽油、芝麻油、豆油、棉油、桐籽油、雪樟油、食盐、副食、百货、鲜肉、豆腐，以及大蒜、鲜桃、陶器、木材、薪炭、畜产品等土特产。各商户派出精明强干的采购员，利用各种社会关系，通过封锁线到安陆、武汉等地采购根据地必需商品，或收购农民的土特产品，到集市上出售。安应县政府通过建设科、税务局、物资统制分局领导集市贸易，并组织自卫队巡逻保卫集市贸易的正常进行。赵家棚的集市贸易是沿用历史的冷热集，隔日一集。每逢热集，赶集的人上千，营业额大约在九千元左右。[1]

蔡店是鄂豫边区最大的两个大山区集镇之一，位于大悟山南面。原来只有小商店三十户左右。从一九三九年底蔡店成为根据地后，几年内商号、行栈发展到三百多户。在这里，边区政府成立了蔡店、陂安南两个国营贸易公司；私营商业有油盐、匹头、百货、文具、杂货、屠宰、服务等八大部；还有一批合作社和运输队。除了根据地内的商品流通外，外地商人也经常来这里，按边区政府的法令经商，贸易市场，原来是隔天逢集，以后发展到天天逢集。

古长堤，是长江北岸属石首县的一个新兴商埠。一九四三年九月，石、公、华根据地政府控制了古长堤，古长堤成了南北交通要道。到古长堤经商的，不仅有来自武汉、天门、潜江、沔阳、沙市、宜昌的人，而且还有自东北、河北、上海、广州、湖南、四川等地的难民和商客。他们组织庞大的商队，来往于武汉至四川、湖南、广州之间，在古长堤作短暂的停留，或参与集市贸易。南货北运的，多是桐油、秀油、子篾、纸张、尖椒、中草药、川盐等；北货南运的多是

---

〔1〕 刘厚仲：《赵家棚商业贸易状况的调查》，1984 年 3 月。

匹头、棉纱、香烟、西药、芝麻、杂粮等。每天在古长堤成交的土布达十万匹之多，纱达十吨以上。由于商业空前繁荣，古长堤居民激增到五千多户，常住人口达五万多人，每日流动人口有三万至五万，最多竟达十万人。尽管市区扩展到纵七华里、宽三华里的范围，街面达十米之宽，但仍显得拥挤不堪。为了管理好市场，增加财政收入，边区政府在古长堤设有银行、货币兑换站、税所、税卡，开办有贸易公司、百货商店，每月在古长堤征收商税达三十万元，最盛时期达三百万元之巨。古长堤成了边区最繁荣的商埠和税源基地。

第五节　对 外 贸 易

一、边区的对外贸易统制

鄂豫边区的贸易政策，对内实行贸易自由，对外实行贸易统制，两者是“互相辅助，缺一不可的有机体”。[1]抗日战争时期的根据地对外贸易主要是指鄂豫边区与敌占区、国统区之间的贸易往来。实行对外贸易统制是边区发展经济，保障供给，打破敌人封锁的一项重要政策。

由于边区处在小农经济占优势的落后农村，敌人对边区军事上实行分割包围，经济上进行封锁和掠夺。封锁边区急需物资，向边区投放不急需的消费品；又用伪钞、法币掠夺边区的粮、棉、油等重要战略物资。在这种形势下，如何打开边区与外地的流通渠道，出境我区剩余的土特产品，换取敌占区控制的必需品，就成为对外贸易的重要任务。

一九四〇年九月在鄂豫边区第一次军政代表大会上，制定了

〔1〕 陈云：《陇东贸易分局工作须知》，1941 年 7 月。

《贸易统制暂行条例》。决定取消仇货检查所，成立边区贸易管理局，本着不伤民不资敌的原则，实行贸易统制。

一九四二年一月边区党委在《关于经济建设的决定》中对贸易统制问题作了详细的规定：要求各县马上组织贸易机关，实行贸易统制，收购边区剩余土特产品，组织出境。为了鼓励土产品多出境，政府甚至停止或减收土产品的捐税；奖励商人或合作社到外地购买边区急需物资；禁止非必需品流入和禁止粮食、棉花等物资出境；教育群众，不出卖粮米给敌人、打击奸商资敌；巩固边币，抵制伪币、杜绝大量法币内流。其基本方针就是“以有易无”，在发展边区土特产品生产基础上，发展有利抗战的对外贸易，达到自给自足的目的，以坚持长期抗战。

一九四三年前后，为进一步加强对外统制贸易，发展内外物资交流，边区行政公署和物资统制局，颁布有关进出境贸易的一系列条例，如《鄂豫边区物资统制总局公告》等。根据对外贸易方针的基本精神，结合敌我经济斗争形势的发展，边区党委主要采取了以下具体政策和措施：

第一，通过税收实行贸易统制。依据经济斗争的需要制定税收政策是实行贸易统制的一项重要措施。边区政府规定“凡敌占区运来的军用品、食盐、医药品等对抗战有利的物品，概不收税。一切消费品，化妆品及一切对抗战不利的物品，一概禁止，或收高税。反过来，就是禁止我区一切对敌有利的生产品资敌”〔1〕。

为了禁止或限制粮食、棉花、油料作物等重要物资出境，物资统制总局公告宣布这些物资在边区范围内为统制物资，规定统制物资的出境，须向物资统制局及其委托的机关（同业公会、商会、合作社，没有参加这些组织者须缴保证金）请领特许证，完纳关税始可出境，否则一经查获，即行没收。

在征收进出境贸易的关税中，以反对敌人的封锁和掠夺，加强物资统制，繁荣边区商业，保护生产和中小商人利益为基本方针。进境

〔1〕 陈少敏：《艰苦奋斗的三周年》，1943 年。

物资的税率：通过免税或低税（百分之二至五）以鼓励边区的必需物资入境。通过高税，以限制敌人需要的物资出境。在征收出境税中边区行政公署还将敌占区与国统加以区别，到国统区的物资征收的出境税低于敌占区（即只收去敌占区的一半的税率）。这项政策，充分体现了边区在经济上贯彻统一战线的方针，有利于发展与友区的物资交流，有利于团结抗日。

第二，通过团结商人，实行对外贸易统制。边区商人不仅是繁荣边区贸易的一支重要力量，同时也是对外贸易中一支不可缺少的力量。由于他们与敌战区的洋行、商会以及那里的商人、买办有广泛的社会联系和做生意的经验；同时在民族危亡的抗日时期，他们中间大多数有爱国心，愿为抗战贡献力量。边区可以通过这些爱国商人去联系和团结敌占区、国统区的商人以及利用日本洋行买办为我边区运购物资服务。例如蔡店贸易公司通过蔡店、梅店和陂安南各乡镇的商会会长联络各地商人发动他们同敌占区资本家等联系为我区套购敌区的禁运物资。公司十分注意执行保护工商业的政策，规定一般物资如文化用品和医药等，按原价增加运杂费百分之十五至百分之二十；钞票纸、卷烟纸、机器和军用物资等，按原价增加运杂费百分之三十。从而调动了大批商人的积极性。同时边区各级政府，贸易公司还大力组织与领导运销合作社、运输队，为根据地采购大量西药、文化用品以及重要工业原料和军用物资，打破敌人封锁，活跃边区市场，做出了贡献。

第三，通过货币斗争，加强贸易统制。太平洋战争爆发以后，由于国际交通线的破坏，造成物资严重缺乏，伪币、法币贬值，边区也日益受到严重影响。特别是一九四三年六月，日寇在华中宣布禁止使用法币，沦陷区的大量法币被敌伪用来攫取占领区的重要物资，使货币斗争日益尖锐化。

针对这一严重形势，中原局指示，法币一律交给边区贸易局，向外地换取货物，不得在境内使用，更不得囤积，以减少法币在境内停留所遭受的损失。边区政府根据各地区不同条件，采取以下措施：

（1）在有条件的地区禁止使用伪币，制止法币内流。商人得到的伪钞应向建设银行兑换边币和法币或动员群众和爱国商人用伪钞、法币到敌占区购买货物回来。如孝东地区规定“内地实物必须至敌区出卖者，须先经区以上机关准许，并有组织的调换东西回来”不准擅自带回伪币，否则“以破坏金融和资敌论罪”。[1]

(2) 采取物物交换办法，减少伪币内流。如蔡店、陂安南地区他们动员当地群众将农副产品和土特产品卖给公营企业或供销合作社，严禁边区的粮棉油和重要土特产品自由流入敌区。迫使敌人要购买这些物资，必须与我们贸易公司谈判达成以物易物的交易。例如一九四四年三、四月间，日本洋行派代表来蔡店谈判，双方达成按市场价格，各自作价，约定交货时间、地点。我方以一万多斤皮油和部分特货换取对方四汽车食盐和细布、砂糖等物资。一九四四年秋，我方以十万斤孝感烟叶和部分特货换取了对方的两车皮食盐。由此可见物物交换，既可以抵制伪币的内流，又可用我区剩余物资等价交换大量食盐等短缺物资。

(3) 规定所有税款须以边币缴纳，凡是购买我区物资，必须在税务管理所把外币（包括伪币与关金、法币）、银元兑换成边币，然后才能在边区市场进行交易。例如，一九四三年我军开辟襄南，收复襄西，规定外商缴纳税款和在市场购买物资必须到兑换所将外币兑换成边币流通使用。我方襄南贸易管理机构再将收取的法币上缴边区行署，行署用这项法币到河南购买食盐，解决鄂东区由于大量食盐进境入超所需要的法币。襄河地区的货币斗争，有效地抵制了伪币、法币内流，并增加了收入，调整了出入境贸易，做出了突出贡献。

二、实行粮盐统制

常言道：“兵马未动，粮草先行”，粮食是战时一项头等重要战略物资。自一九四一年以后，边区粮食问题日益严重。造成粮食困难的原因很多，边区自一九四〇年后连续遭到自然灾害，造成粮食歉

---

〔1〕《孝东行政委员会布告》，1945 年 8 月。

收；特别是自一九四一年以来敌伪在加强了向边区的扫荡和进攻的同时，还采取各种手段掠夺边区粮食食盐。他们抬高粮价、抢购粮食‘或以垄断的食盐攫取非占领区的粮食，或以食盐换取我们的粮食；并极力压低粮价、抬高盐价，由一斤食盐换取二至四斤谷，发展到一斤食盐换取十斤谷。一九四三年八月下旬，藉新谷上市之机压低谷价，最高时竟达到四十五斤六两谷方可买到一斤盐，使边区农民大受其害。[1]在粮盐斗争异常复杂尖锐的情况下，加上我们在粮食禁运与调剂工作中还有不足之处，尤其是发动群众参加斗争不够，致使粮盐严重缺乏。为了改善边区粮盐供应紧张的局面，边区政府采取了以下几方面的措施：

第一，禁止粮食出境，加强粮食调剂工作。一九四一年在鄂豫边区第二次军政大会上通过了《反对敌人经济封锁、实行粮食统制案》。提案指出：由于“农村经济受敌人控制，影响至为重大，尤其是粮食一项，敌人到处高价收买，若不严行统制，则无以粉碎敌人之经济封锁。”提案还具体提出：（1）由边区行政公署通令各县组织粮食调剂委员会，主持统一运输与计划调剂事宜。（2）组织物价评议委员会，举行平粜。(3）封存民有粮食。严禁资敌。等三项办法。[2]

在实施粮食统制政策过程中边区行政公署还制定了禁止粮食出境的具体办法。如采取清查粮户登记；规定出售余粮或贩运粮食只要不是运到敌占区，可以在边区范围内通行；对不种粮食的花户，县政府发给购粮证，可以到粮站或粮食集销处买粮；有计划地向缺粮地区和灾区运销粮米，调剂有无。边区各区县，还根据敌人掠夺粮食的手段和斗争特点，及时出示布告法令，采取切实措施制止敌人抢购粮食。如一九四二年秋，敌伪乘新谷上市之机，竭力压低谷价，抬高盐价，企图以贱价掠夺粮食危害人民。以致数月间各地谷价平均跌落大半；与此同时，敌伪垄断的食盐却有涨无跌，农民贱卖谷米，贵买食盐，损失极大。针对这种情况边区行政公署发出布告指出：“今为反

〔1〕《鄂豫边区行政公署布告》，1943 年。
〔2〕《鄂豫边区第二次军政大会通过的重要提案》，1941 年。

对敌伪掠夺，粉碎敌伪诡计，免除谷贱伤民、解救民生痛苦，稳定边区经济起见”；重申“严禁向敌占区运输谷米”。还明确地做出了奖励农产品向大后方出境（谷米出境税照章减半收税）、沟通对大后方的贸易以及奖励人民和商户在边区内储藏和囤积粮食的决定。这是在当时特定历史条件下，制止敌伪高价抢购粮食的有效措施，因而不仅无害民生，反而有利于打击敌人。

第二，发动群众协助政府执行粮食统制政策。边区粮食生产是建立在个体小农经济基础上的。要想达到有效地制止粮食出境资敌，不仅要制定禁运资敌、截运出境粮食的有效法令，同时，还要发动和教育农民自觉地帮助政府执行各项禁运措施。要使每个农民都了解禁运粮食资敌的重要性，通过民众团体农救会，基干小组，自卫队等做好这项工作。规定各级政府设立粮食管理委员会，划定禁运封锁线，湾与湾、保与保，互相保证，互相监督。发动群众有计划的粉碎和密报奸商偷运，自动到交通线与敌人据点附近设岗放哨。这样使日寇奸商无隙可乘，从而有效地制止了粮食外流，收到良好效果。

第三，采取定购运购措施是实行粮食统制的好办法。边区自一九四四年开始实行粮食的定购与运购工作。粮食定购工作，开始是政府分配每保一定的定购粮食的任务，定购粮食的对象，主要是余粮户。定购办法是由政府先付一半粮款，粮食仍存放在卖粮各户家中，以后政府、部队需要提货时再付够粮款。后来定购粮食的对象，不只限于余粮户的范围，缺粮户也要求定购任务。他们拿到定购粮款做生意，到敌占区购买粮食，再出售给政府。另外政府还专门组织运购粮食小组，特别是组织灾民，贷款给他们，到外地主要是敌占区购粮，到根据地来卖。定购运购的办法，不仅防止粮食外流，而且还从外地购进了大量粮食，对改变边区粮食困难局面起了积极作用。

第四，发展粮盐合作社。边区原有的粮食私行是粮食外流的根源之一。因此边区行政公署提出普遍建立粮食合作社以代替私行。以一个保或两个保为一个单位，由农救会动员民众自愿出钱入股，作为建社的基金。各地粮食合作社承担收购农民的余粮，保障军需民用，向灾区、缺粮区输送粮食供应灾民；掌握边区的粮食与敌人换取边区所缺的食盐等物资的任务，对打破敌人对我边区的封锁起了很大的作用。

创办食盐合作社，组织商人、挑贩到敌占区购进食盐，解决边区吃盐的困难。正如《两年来的应城》一文中肯定食盐合作社的作用时说，尽管敌人千方百计来向我区封锁食盐，“而我们大部分的乡村里还是有盐吃……因为我们已经有了食盐合作社……”。说明食盐合作社确实在打击敌人和奸商封锁食盐，抬高盐价的斗争中取得了显著成绩。

边区商业工作，在促进边区经济，发展活跃内部商品流通，沟通与外地物资流通渠道，增加土产品的出境，购进边区短缺的必需物资，增加收入，改善军需民用，有力地打击敌人的经济封锁，积累宝贵经验等方面，都取得了很大的成绩；在巩固和发展边区的工作中作出了突出的贡献。

附录 华中抗日根据地鄂豫边区财政经济

大 事 记

一九三八年

武汉沦陷前后，中国共产党已在鄂豫地区领导部分分散的游击队，英勇地从事抗日斗争。这时还没有建立统一的党的领导，也没有根据地和抗日民主政权，部队的给养依靠各部队自行筹措，办法亦不统一。如方毅、刘西尧、陈景文等在鄂东的游击队，主要靠组织武装便衣队，袭击小股敌人，以缴获的钱、粮、衣物等作为给养；豫南的危拱之等在信阳、谭家河等地的游击队，主要以收集资财、借粮、乐捐、没收汉奸财产作为给养；鄂中的游击队，依靠没收汉奸财产和向应城膏盐矿的资本家募捐，以及利用一部分国民党的合作社经费充作给养。有的地方是自带钱、粮参加游击队，从事抗日活动。还有的是通过与国民党军队、地方政府谈判和他们合作，以取得必要的给养。

一九三九年

六月 上旬，李先念、陈少敏等率新四军挺进团一大队到达湖北京山养马畈，召开了鄂中区党委扩大会议。会议组成了新的鄂中区党委，陈少敏任书记，李先念、陶铸等为委员。根据中原局和刘少奇的指示，决定将鄂中、豫南党领导的武装，统一整编为新四军豫鄂独立游击支队，司令员李先念，政治委员陈少敏（不久由陶铸代）。

七月 七日，新四军豫鄂独立游击支队在京山八字门，创办了以“七七”卢沟桥事变命名的《七七报》。建立伊始，仅译电员一人、工作人员三人，负责刻写钢板、油印和发行工作。以后，从国民党那里弄来一套印刷器材，开始正式建立了边区第一个印刷厂——“七七印刷厂”。

八月 在抗日民主政权未普遍建立前，鄂中区党委即在京山、安陆、应山、天汉等地先后成立了群众性的“抗日十人团”，在京山召开了第一次代表大会，成立了抗日十人团总部。“抗十团”的任务是广泛地发动群众，打击汉奸，摧毁伪政权，或控制伪政权，使之为抗日服务；站岗放哨、为部队扩军、收集子弹等；调解民间纠纷；打击零星日寇和敌人货船，没收仇货。

豫鄂独立游击支队整编完后，立即出师击敌，开辟根据地。二团队在罗山朱堂店战斗中，毙伤敌八十余人，缴获了一批轻、重机枪和马匹，威名远扬。群众不顾国民党县政府的威胁，纷纷向二团队提供粮食蔬菜，慰劳子弟兵，减轻了部队的给养困难。

十一月 中旬，朱理治、陈少敏、李先念、任质斌等在四望山，召集豫南、鄂东、鄂中党和军队负责人会议，为贯彻中共中央、中原局关于“巩固现有军队，创造根据地”的指示，解决各游击区党和军队的统一领导等问题，决定撤销豫南、鄂东、鄂中三个区党委，成立鄂豫边区党委。与此同时新四军豫鄂挺进支队扩编为挺进纵队。

十二月初 鄂豫边区党委正式组成。

冬 区党委及各县县委设立民运工作部，统一领导全边区的群

众运动。在民运工作部的领导下，先后组织了妇救、农救、青救、商救等会和儿童团、自卫队等。妇救发动妇女群众做鞋袜慰劳部队、掩护伤员、举办生产合作社、反对买卖婚姻和开展识字运动。农救一般是动员参军、组织优抗代耕、换工互助、禁止宰杀耕牛、动员开荒、办理救济、组织农民自卫队协助乡保政权征粮募捐等。

边区党委在孝感创办一个修械所，有工人十余人，修理步枪、机枪和为已使用过的空弹壳重新“安火”，均为手工操作。

一九四零年

年初 随着挺进纵队的建立，支队的野战医院改为纵队军医院。院长粟秀真，副院长孙光珠、谈太阶。各团也相继建立了卫生所。美国进步作家史沫特莱到边区访问时，曾在武汉等地动员了若干医务人员和筹集了一批医药物资，支持边区医院，还动员随县天主教爱尔兰神甫捐献了一批医药。

边区为健全财政机构，在纵队设立了供给部，团队设立供给股，县政府设财政科。

一月 鄂豫边区党委发动群众改造或重建乡、保政权。经过群众普选，把骑在人民头上的恶势力赶下台，工农分子当上了乡、保长；新乡保政权建立后，纠正了不合理的负担，成立了春耕队，以调剂劳力，农村气象，为之一新。

新四军鄂豫挺进纵队正式建军，司令员李先念、政治委员朱理治。

二月 十日，中共中央军委向全军发出《关于开展生产运动的指示》，指出：“战斗已进入更艰苦阶段，财政经济问题的解决，必须提高到政治的高度。望军政首长、各级政治机关，努力领导部队生产运动，开源节流，克服困难，争取战争的胜利。”

天汉地委为扩充财源，根据边区党委的指示，成立了天汉财委会。财委成立后，先后在汉川的交通要道荷花堰、麻河、横堤、垌塚、窑场、吕巷、分水、蚌湖、杨林、里潭、榔头等地设立了税卡，

征收出入境税。税款除就地拨付地委机关所需经费外，其余全部上缴区党委，供纵队所属各部队及区党委机关使用。

三月 边区党委召开鄂中、鄂南各县政府负责人和开明士绅会议。会上成立了以陶铸为主席的鄂豫边区宪政促进会；通过了宣言，号召边区各阶级、阶层人民团结起来，有钱出钱，有力出力，坚持抗战到底；宣布实行拥军优属，合理负担等政策。

四月 在汉川韩家集祠堂成立天汉被服厂。该厂后迁移到杨叶陂、芦咀等地。

五月 五月底，边区党委在黄陂姚家山召开边区各界救国团体联合代表大会。大会表扬了先进工作者，布置了减租减息工作，成立了边区各界救国联合总会，吴祖贻任总会长。

六月 随南军政联合办事处财政科配置稽征、税收、会计等财政专职干部，所辖各区设立了财政股和税卡。如应城古城畈区设有熊家垭、圣杨两个税卡，控制了武汉至均州经随县的交通要道。

七月 豫鄂边区党委召开县委书记联席会议，陈少敏在会上作了《检讨过去一年的经验教训，确定今后的战斗方针》的报告。报告强调认真执行党委关于财经政策的决定，切实保护中产阶级和可能争取的中间分子的利益，废除一切苛捐杂税，实行减租减息，逐步地改善群众生活；有计划有组织地检查仇货，打汉奸要克服乱查、乱打的现象；进行必要和可能的经济建设（办合作社、开工厂、建银行等）；改革经济制度，实行统筹统支，爱护人力物力，坚决彻底地同贪污腐化现象作不留情的斗争。

夏 全边区范围内发生特大旱灾，十九个县中，只有汉川、汉阳获得较好收成，其余一般只有十分之二三的年成，少数地方颗粒无收。

八月 一日，汉川县委颁布土地减租法令，规定租额为土地收获量的十分之二，如原租额重于规定租额者，应照二五减租办法，减至适合规定之租额。此后，汉川开始减租。

一日，边区党委在随南九口堰召开有县、团以上的军政干部参加的区党委扩大会议，会议着重讨论了扩大根据地和部队、加强锄奸工

作、克服财经困难及准备开展减租减息等问题，并决定立即成立边区最高政权机关。

区党委和纵队决定开辟天西地区，在南山成立指挥部，刘少卿任指挥长，杨学诚任政委。十七日控制了天西。随即成立了中共天京潜县委和行政委员会，并立即废除苛捐杂税。

区党委召开财经会议。会议讨论了出入境税的方针、政策和税率，以及其他财经问题。

九月 一日，在京山八字门召开鄂豫边区第一次军政代表大会。会议讨论了政权建设、军事斗争、财政经济等问题，颁布了一系列章程、条例。在财经方面制定了《各县区整理田赋委员会简章》、《各项税捐暂行条例》和《贸易统制暂行条例》等，以整顿财政、发展生产和增加收入。会议确定以税收和田赋作为边区财政主要来源。会议按“三三制”原则成立了边区最高政权机关——鄂豫边区军政联合办事处。主席许子威，副主席杨学诚。

秋 边区军政联合办事处颁布了《优待抗日军人家属条例》、《抗属联合会组织章程》，使优抗工作制度化。通过组织代耕队，帮助秋收、募捐、救济和资助组织合作社等工作，帮助解决抗日军人家属生活、生产上的困难。

秋 边区政府在黄陂、应山、钟祥、随县等地开展减租减息，按抗战前的实收租额减少百分之二十五。

边区政府组织群众开展开荒植树活动。信阳、应山两县开荒五十余亩，建立了一个农场，恢复了一个茶厂。云梦二区组织了一个有开明士绅参加的建设委员会，在五座山上植树十八万多株，绿化荒山二万余平方米。

十月 在京山八字门召开了财经工作会议。会议讨论了贯彻上级党委关于征收救国公粮和减租减息的指示，总结了两年来工作的经验教训，讨论了军队给养和兵源补充问题，做出了提倡生产，增辟财源，为实施新民主主义的经济建设而奋斗的决议。会上成立了以陈少敏兼任书记的财经委员会。从此，边区财经工作开始走向统一，建立了预决算制度和收支报告制度。

军政联合办事处颁发了《各县整理田赋委员会简章》，开始在各县改编保甲，清查户口，登记田亩，按土地收获量分为五等征收公粮，平均每亩征谷一斗；有地五亩以下者收半；抗属免征；佃田公粮由地主负担；废除一切苛捐杂税。

为反对敌伪的封锁、禁运、掠夺，设立了边区贸易管理总局。贸易管理总局实行对内贸易自由，对外统制贸易，除禁止粮食、猪鬃、桐油、牛皮等出境外，对其他物资进出境分别不同情况规定不同的税率。

云梦县政府为保护耕牛，派出工作组到长期以来有屠宰耕牛习惯的胡金店，宣传抗日政府保护耕牛政策，惩罚不听劝告、滥宰耕牛的首犯，并积极安置屠夫转业，成立耕牛交易所，允许合法交易。

边区军政联合办事处以合作金库名义，发行流通券数千元，在京山石板河一带试用。应城县政府发行生产救国公债十万元。

十一月 中共中央发出关于建立与巩固华中新根据地的指示。《指示》指出：财经工作要作长期打算，要严格建立各级预决算制度，实行统筹统支和统一的累进税，设立银行，开展合作运动，发展工农业生产，发展对外贸易，反对贪污浪费。

汉川县行政委员会召开第一次政务扩大会议。会上指出：汉川在改进民生运动中作了以下工作：在漕湖沿岸及麾摄垸开始取消湖课、鱼课；减租，规定田租不得超过收获量的百分之二十；减息，年息不得超过百分之二十；增加工资，按年、季、月等期限，分别按比例增加；救济，对被敌摧毁地区之人民实行赈济。

十一月 边区各乡民主政府先后召开反投降反内战大会。广大群众主动献金、献物、献子弹，打电报、发宣言，支持边区政府和我挺进纵队。

各级抗日政府组织群众进行生产建设，修筑年久失修的堤垸。应山修筑二里长的水道，灌田一百七十石。云梦兴修水利，可灌田一千一百多亩。应城兴修的水利，可灌田七百余石。京山挖塘、修堤，可灌田六百余石。

一九四一年

一月 五日，中共中央发出《关于法币贬值各根据地应采取对策的指示》，要求华中各地：急速成立银行，发行边币，并且允许成立钱庄，以边币或地方辅币吸收境内法币，以扩大边币或地方辅币的流通范围；马上组织贸易机关，实行统制贸易，做到物资交换，防止大量法币流入，保证必需品供应。

春 为度过春荒，边区救国会在边区党和政府领导下，开展向有存粮的地主、富农借粮的“借粮运动”。经过宣传、劝说和适当的斗争，在鄂中五县共借粮四千九百余石，救济了上万户抗属和贫农。同时，领导群众开展兴修水利、开荒和生产运动。

四月 一日，鄂豫边区第二次军政代表大会在京山向家冲召开。会议讨论、总结了政权、军事、财政、建设、文化教育等方面的工作，讨论并通过了十八项重要提案。其中财经方面的有：确定划分边区与地方两级税制；整理、接收各县贸易统制局与统一税制；改订田赋制度；创办建设银行，发行边币一百万元，救国建设公债五十万元；发展边区合作社事业；建立边区各地交通机关；实行粮食统制；救济灾民等九项提案。会议决定成立鄂豫边区行政公署并按“三三制”原则选举了公署委员，许子威任主席。

五日，皖南事变后，中共中央军事委员会发布命令，重建新四军。鄂豫边挺进纵队改编为新四军第五师，任命李先念为师长兼政治委员，刘少卿为参谋长，任质斌为政治部主任。经过两个多月的筹备，李先念等同志于四月五日在随南九口堰正式通电就职。

十五日，陈少敏在《七七月刊》第一卷第一期上发表了《艰苦奋斗的三周年》的文章，全面地总结了边区的工作，并就财政经济的各个方面，包括改良生活、减轻负担、增加生产、抵制仇货、经济建设、优待抗属、节省人力物力、劳动政策、土地政策等作了全面阐述。强调保护一切抗日阶级的政治、经济利益，促进农、工商业之发展，实行“合理负担”，“有钱出钱、有力出力”的政策。

针对日伪强征粮食，对边区大肆掠夺的情况，鄂豫边区行政公署襄西办事处发出布告，严禁为敌征粮，违者严厉惩处，偷运粮食价值百元以上者没收；犯二次以上者除没收外，处以三个月徒刑，或罚款五百元；情节严重者处死刑；为敌引路或抢粮者处死刑；盗窃粮食者除赔偿外，处三个月徒刑或苦工。

继大悟山战斗后，第九团东进鄂皖边，恢复了浠圻边、圻广边、黄宿边、太英边等地区。在"有钱出钱、有力出力"的口号下，通过募捐、借粮等方式，为部队筹措给养，并开始收税，以改善财政。

边区行政公署开始筹建建设银行和印钞厂。印钞厂设在叶杨陂新陈湾，技术工人从汉口等地招聘。器材则通过维持会和商人由敌占区和国统区购进。八月正式开始制版。建设银行总行设在京山县小花岭，1942 年春总行迁往大悟山。发行边币一百万元。以后，在边区各地相继建立分行。

鄂豫边区行署襄西办事处发出布告，宣布抗日月捐减半；催征 1941 年度田赋，限 5 月 15 日以前一律办完。

五月 日伪集中三千余人向鄂中地区之安陆、天门、潜江地区"扫荡"。他们随带大批"箩筐队"，准备大肆抢粮。边区党和政府组织群众，在武装掩护下快收快打，分散埋藏粮食，广泛实行空舍清野。

六月 下旬，十三旅开辟武汉近郊的汉、孝、陂抗日游击根据地，成立了汉、孝、陂行政办事处，并在茅庙集、黄花涝、新沟渡等处设卡收税，成为边区重要财源之一。

夏 鄂豫边区遇到六十年未曾有过的大旱灾，平均收成不到二成，受灾人口达二百余万，占总人口的三分之二。孝北、安北、应山、天南、京山、安陆等地几乎颗粒无收。加上敌伪掠夺，顽军封锁，边区财政十分困难。

天京潜县委组织部长带领工作组，领导天东群众开展反对大恶霸霸占一万多亩柴山，不让群众上山割青肥田的斗争。在"还我柴山"的口号下，一千多农民拥上柴山割青积肥。后政府用法律形式宣布柴山公有，由政府委托农会代管，允许农民割青、砍柴，斗争取

得完全胜利。

汉川县农救会在芦排区黄家台召开大会。会议决定进一步发展襄南的“农救”组织，做好田赋征收及拥军、扩军工作。

上半年　汉川县财政科先后在韩集、横堤、里潭、杨池等地，建立起十五个合作社。

七月　边区党委领导召开了边区各界救国联合会干部会议。会上陈少敏、杨学诚、吴祖贻作了报告，并在总结边区两年来群众运动的基础上，确定了“农救”的三大经常任务，即发展农村生产，实行优抗，领导农民的日常斗争和教育。

《七七月刊》第一卷第四期发表《鄂豫边区两年来的财政经济工作》的文章，论述了人民在敌伪顽统治下的牛马生活，提出了正确的财政经济政策，以及如何与敌伪顽匪作经济斗争等问题。

八月　月初，陈少敏到随南抓救灾试点。先后召开了随南县委扩大会议和有党、政、军、开明士绅、地主、富农一百多人参加的“自力更生，生产自救，克服困难，争取胜利”的动员大会，动员士绅、地富借出余粮，帮助困难户渡过灾荒。当场自动借粮者达二十余人，粮一百五十余石。

八日，十三旅在汉、孝、陂地方武装配合下，夜袭孝感城，除缴获一部分武器，十余辆汽车外，还打开仓库，掩护群众运出大批食盐、布匹。并警告伪维持会不得再向边区抢购粮食及其他生活资料，责令他们须按期向边区政府缴纳孝感城的工商税。

月中，陈少敏在随县洛南区和平乡领导群众生产，发动“广开救灾门路，发展副业生产”的群众运动。从而掀起了一个“靠山吃山，靠水吃水”生产自救的热潮，并找出十条生产自救门路。

边区贸易总局改为税务总局。逐渐建立自上而下的各级税收机构，组织强大的武装、便衣收税队，到长江、襄河、铁路、公路的一些交通要道及武汉附近城镇设卡收税。

九月　二十四日，任质斌就鄂中政权、税收和群众对我军的反映等问题，向郑位三等人报告。其中谈到鄂中根据地逐渐扩大，但因为缺乏干部，影响工作的开展，每季只能收田赋三十万元，救国公粮一万五千石。如能补充若干干部，每月即可收税五十万元，公粮五万石以上。

边区建设银行计划发行边币一百万元。票面先后有一角、二角、一元，二元、五元、十元数种。边币与法币等价发行，一九四四年下半年定为一比三。

十月　《七七月刊》第一卷第七期，发表了许子威、夏忠武等同志的《法币低落与边区经济建设》、《论边区财政经济工作》、《谈边区救济工作》、《为打破边区财政难关加紧经济建设切实救济灾荒而斗争》等文章，对当时边区的财政经济工作及政策作了全面的阐述。

边区发布建设公债条例，决定发行救国公债五十万元，以应城盐膏矿抗日捐作担保。票值为十元、五十元、一百元、一千元四种，定于十月一日发行。

边区行署积极领导救灾工作，在丰收区发动大规模捐献运动，收容和安置灾民；在灾区内发动富户出借种子、粮食、钱钞，帮助困难户度荒，开展穷人出力、富人出钱的生产建设运动。同时，政府筹拨专款办理以工代赈，将赈济与开展大规模的“千塘百坝”兴修水利运动结合起来。经过三个多月的战斗，边区修建了大批水利工程。襄北、韩集等地修三十三个垸，襄南、榔头等五个乡修了七个垸，改变了过去七年六水的情况。存安北河西杨、李家咀等地，筑起了十余里长的三座大坝。

十一月　十七日，五师驻黄冈办事处（今肖家桥）成立。这是一个组织生产的机关，下辖有被服厂、电池厂、牙刷厂、毛巾厂等。办事处设有三四十人的手枪队和警卫队，保护工厂生产和办事处安全。

敌组织安、应、京、云四县清乡委员会，积极部署“清乡”。敌人的“清乡”，使我根据地缩小，财政收入减少。

十二月　《七七月刊》第一卷九、十期合刊上发表《春耕生产运动的展望》的文章，总结了过去春耕生产的成绩，对今后如何开展春耕生产作了必要的部署。

同一时期，还发表了《论边区减租问题》的文章，总结了减租运动的成绩，指出了存在的问题，驳斥了减租“不合法”，是“共产”的谬论。

鄂豫边区党政军领导机关根据中共中央发出的“精兵简政”指示，开展精兵简政工作。仅××一级机关经过合并、改组，使机构精简一半，干部减少三分之二。

年底 为解决边区与五师战略物资的供给，边区政府在孝感、北新街、涂巷东阳岗、青山、花园等地设立了采买点。孝感城内的情报站也兼负采购任务。通过统战关系从敌占区购回子弹、电线、文具、纸张、缝纫机、医药等战略物资。

孝感在一年的优抗工作中，共代耕10 321个工，受惠者270户；救济金五千元；举办有四个油盐及日用品抗属合作社。在拥军决议中，提出保证给子弟兵做鞋、袜各一千双，每亩增产稻谷五斤充作军粮和帮助政府完成收购军粮任务。

安应地区面临盐荒，孝感王家店武工队配合安北大队镇压了王家店维持会长，打通了鄂中与鄂东运送食盐的通道，大批食盐不断运往安应地区。

华中局财政经济会议发出关于粮赋征收与商人负担的指示草案，再一次强调要实行合理负担的政策，认真研究改进征税办法。

黄陂县政府在蔡店组织了一个国营贸易公司，下辖有德兴、谦益、公益、抗大等四大商行，主要经营食盐、粮食、棉花、油、白布、文具、纸张、医药等用品。

一九四二年

年初 由于敌人的掠夺、包围、封锁，以及连续两年大旱灾，边区物价高涨，粮食缺乏，军需民食，十分紧张，财政经济出现了严重困难局面。

一月 一日，边区党委作出《关于经济建设的决定》，强调各级领导必须把经济建设作为当前工作的中心，否则边区难以坚持。提出

经济建设的中心是发展农业生产，加紧兴修水利，准备谷种；同时注意发展手工业，摆脱对洋货的依赖；各县组织贸易机关，实行统制贸易；注意对付日伪的金融货币战；爱护人力、物力，培养元气。总之，要有长期打算的精神，战胜困难，掀起经济建设高潮。

二月　鄂豫边区行政公署财政处长刘子厚，在刁汊湖五房台召开税务工作会议，谋求进一步扩大税收。同时，举办税收干部培训班。

六日，安陆县召开第一次军政代表大会，选举了县政府的领导人，作出了加强生产建设、安定人民生活、巩固抗日秩序等决议。

三月　一日至二十三日，在京山召开边区第一届抗日人民代表大会。会议根据“三三制”原则选举了驻会代表和行政公署负责人，讨论并通过了《鄂豫边区施政纲领》。施政纲领对边区的政治、军事、经济、文化及群众运动等作了明确规定。在财经方面，强调保护一切抗日人民的基本利益和权利、减租减息、发展生产、统一财政；解决财政的方针是主要依靠田赋、公粮，征收实物累进税；为解决当前给养困难，还通过了紧急提案，向有余粮者借粮，募军米二万石。

边区召开行署委员，第一届抗日人民代表大会驻会代表联席会议，对组织春耕生产，兴修水利，发展公营工业，扶助家庭手工业以及各项生产投资等问题，逐项研究落实，并作出了具体部署。

春　边区确定以春耕生产运动作为地方工作的中心环节，动员军民开展生产救灾活动。如战胜旱涝，大力兴修水利。在山区领导人民挖塘、筑坝，继续开展“千塘百坝”运动，蓄水以抗旱；在湖区领导人民修堤、建闸，疏通河道以防涝。在兴修水利中为动员地主、富农参加，提出了“有田出粮，无田出力，以工代赈”的方针。在政府拨款支援下，既兴修了水利，又渡过了春荒。

天门县农民为增加生产，向地主进行说理斗争。在政府支持下，掀起了万人向地主所占有的芦苇丛进军，开展割青肥田运动，使当年秋收增谷数万石。

黄冈县根据施政纲领关于“取缔私人征收湖课”的规定，开展了一个“开放湖业”运动。通过反湖霸的斗争，取得了湖产归公的胜利。

信南、鄂中、鄂东等地党政机关和农救会为缓和春荒，发动农民向地主、富农借粮渡荒，借种春播，以避免四处逃荒。

三月 新四军军部给五师指示：为解决目前粮食恐慌，应一方面加紧发展春耕运动，另一方面可向地主粮商借粮募粮，但应特别注意政策，谨慎行事，不要影响统一战线。

鄂豫边军政委员会提出边区财政问题之解决办法：（1）以今秋田赋作抵，向地主富农借米，向较大地主募米，共一万五千五百石；（2）党政民应暂时集中力量完成此项工作；（3）加紧进行调查研究，整理税收，大力压低米价，酌量统制粮食。

四月 十三日，鄂豫边行政公署发布命令，为解决财经困难，决定五月的中心工作计划是：一，募集粮食解决机关、部队给养；二，进行春耕，防止灾荒；三，发行五百万元公债，开展生产建设；四，财政工作应有整体性。

中原局给新四军第五师发出解决粮财问题的指示，指出鄂中粮荒与经费困难的原因，除客观条件外，还由于工作中经常检查不够。因此，应召集鄂中党政军各负责同志会议，总结经验，讨论今后统筹统支的方针与办法。并对于借粮、募粮、反对地主路线等问题的政策和办法作了明确的规定。

鄂豫边区党委提出解决边区经济困难的办法：目前应进行紧急动员，向地主富户借粮二十万石，以田赋作抵，供给五师急需。至于治本的办法，仍在于征收田赋（全区共有田四百万亩，每亩田赋一斗二升，共收五十万石）及救国公粮，以供给军队及地方工作人员之需要。要特别注重加强春耕运动及经济建设，并加强贸易统制与边币管理。

新四军第五师政治部决定，开展拥政爱民运动，并以五月作为拥政爱民月。要求部队广泛进行拥政爱民教育，重新制定爱民公约，检查三大纪律、八项注意的执行情况，号召部队有计划地参加生产建设，积极帮助群众割麦、插秧、挖塘、修坝。

在一九四二年三月第一届抗日人民代表大会后，边区各级政府

根据“简政”的原则，调整行政机构，重划行政区域，规定编制，消灭头重脚轻和上下脱节的现象，实行米津贴制，保长吃公粮，使其专心工作，为提高各级政权提供物资条件。

为搞好合理负担，边区各级政府在春耕结束后，突击进行户口田亩登记，一律按边区行署规定的格式，分类登记，石合成亩，六十平方丈合一亩。

五月 边区财政处，在孝感黄家冲建立印钞厂。通过商人到敌占区采购了一批机器、油墨、纸张。九月正式投产。

云梦县在孝感白沙、吴店大湾湖建立一个缝衣厂，有五台缝纫机，十余名工人。

六月 边区动员各县、区干部投入征收上忙公粮工作，正式征收田赋、公粮。

应城区党委领导盐厂一百三十名工人，在短枪队的掩护和正规部队的接应下，从矿区运走食盐一万多斤。经过机智、勇敢的斗争，终于绕过敌人碉堡，送到六十里外的京山板河根据地。

八月 一日，鄂豫边区党委发出《关于积极准备征收上忙公粮的指示》。鉴于敌人不断扫荡和顽军的进攻，边区田赋减少，财政经济日益紧张，要求各级组织积极地有组织地进行紧急动员，对征收工作，要全力以赴。具体办法是，根据边区不同情况，划分为急征区与缓征区；动员群众，继续进行土地登记；地县委员分区领导，抽调坚强的干部充实和建立各级粮食管理机构；严格执行党的各项政策，争取粮食战线上的更大胜利。

一日，《党的生活》上发表了《粮食制度问题》的文章，指出根据地的粮食问题是关系到我与敌伪顽进行斗争以及部队机关、人民给养的重大问题，全体工作人员必须特别重视这一工作。为了做好本年上忙田赋征收工作，对建立粮食管理制度，以及如何保证制度的执行等，均作了明确的规定。

边区召开行政公署委员及县长联席会议。会上，详细地研究了战争动员工作的经验教训，检查了行政公署、黄冈县政府的政风，强调惩治贪污、反对腐化。会后，坚决撤换了不称职的县长，并严惩了贪

污舞弊、破坏政策法令的税务局长。

《党的生活》(上册)发表了《下忙征收声中的急征缓征和粮食管理》一文，总结了上忙征收工作的经验教训，提出了先难后易、先远后近、先危后安的原则，分为急征区和缓征区；要求加强粮食的技术管理，粮食管理系统必须独立，全边区粮食管理的领导权统一到粮食总局；强调田赋公粮是财政工作的中心，建立统一的粮食管理制度是在财政上实行统筹统支的关键。

秋 边区行政公署颁布《鄂豫边区 1942 年度减租办法》。秋收后，在基本区普遍开展了减租减息运动。黄陂以官潭乡为重点，首先突破大地主鲍济堂，退租谷六百多石。全县共退出押金五百石谷。鄂中地区共减谷一万二千余石，受惠农户一万九千六百二十一户。在减租减息的同时，实行交租交息。

边区抽调一批干部到粮食战线工作，加强了对粮食工作的统一领导。不仅健全了从地区到县的粮食局，还形成了一整套包括储存、运输、分配、供给在内的制度。

九月 汉川县、襄南被日寇侵占后，税收工作一度撤退到襄河沿线进行。为了便于领导，以马口为界将沿线分为上、下两段，不久，成立襄河物资管理局。

鄂豫边区行署派出民主改革工作组，去汉川韩家集领导群众开展反渔霸的斗争。韩家集的“十三公所”(由十三名资本家组成的鱼粮行合作社)，操纵市场，提高行佣，囤积走私，压迫群众，影响正常贸易开展，通过斗争，打退了资产阶级的进攻。但这一斗争在做法上有“左”的倾向，如把资产阶级的破坏行为当封建主义反。

汉川县政府发动群众进行说理斗争，把柴山、湖泊收归公有，组织群众下湖捕鱼、挖藕，上山割青，解决生产、生活困难。

十一月 边区征收下忙公粮取得了好成绩，截至十一月止，基本区及部分游击区，共收田赋、公粮二十余万石，占全边区财政总收入的百分之七十以上。

边区行署训令，嘉奖随南军政联合办事处在与敌伪顽艰苦斗争中，超额完成了财经会议分配的救国公粮五百石的任务。

冬 边区政府在黄冈（现新州）筹建第三个“七七”印刷厂。厂址设在张渡湖胡家咀的大船上。全厂40多人，为了避免暴露目标，工人均作渔民打扮。一九四三年开工生产，专印书籍和杂志。后迁到大悟山杨家湾与由任家湾迁来的一厂合并。

十二月 鄂豫边区行政公署为抵制日寇向边区大量抛出法币、掠夺物资，当即采取对策，除大量发行边币、对法币实行贬值打折扣外，并加强贸易统制。

十五日，许子威在《新民主》创刊号上发表了《一九四二年边区民主建政之回顾》，回顾了一年的成就。指出在财政经济方面，由于加紧兴修水利、开展生产运动，对敌开展经济斗争，整理田赋公粮，建立了统收统支制度，实行减租减息、提倡节约、爱护民力等等，从而恢复了农村经济，还清了春季所借全部粮款，度过了财政难关。

五师发出《关于消灭贪污腐化恶风的指示》，批评了部队中一部分干部中存在的贪污腐化现象，分析了原因和性质，规定了反贪污、腐化的原则、步骤和政策，随即在五师和政府中开展了反贪污、腐化运动。

一九四三年

一月 区党委在大悟山蒋家楼子召开扩大会议。会议总结了一九四二年边区武装斗争和根据地建设的经验，确定了一九四三年的斗争任务。根据党中央关于一切为了抗日战争、一切为了抗战胜利的原则，提出了“军事第一、胜利第一”的方针，要求军队与地方都要围绕这一方针开展工作。

十一日，五师再次发出关于精简工作的指示，强调精简的意义和对遣散工作人员要作适当安置，注意研究改善工作方法，指示促进了五师精简工作进一步开展。

十五日，云梦县对七个乡的下忙公粮征收工作进行了总结。从一九四二年九月二十四日开始至十月十日止，七个乡共征收公粮

6309844 石，完成应征数之百分之七十四强。

边区党委提出“战争、生产”，“生产、战争”口号，要求各地树立发展生产，支援长期战争和在武装斗争中领导人民进行生产的思想。

二十日，行政公署制定并公布了《一九四三年度春耕生产紧急动员条例草案》。草案共五章四十四条，对春耕生产的原则，兴修水利、种子、肥料、耕牛、农具、管理等方面，均作了详细的规定。强调奖励成绩，严惩破坏。

《七七月刊》一月号上发表《地租》的文章，对边区土地占有的情况，地租的状况和什么叫地租作了详细、深刻的阐述，说明边区地租不合理，地主必须实行二五减租，取消一切额外剥削及押金；同时，为了团结一致抗日，必须实行交租交息。

十五日，《新民主》创刊号上发表《加紧深征广征》的文章，就下忙公粮工作中合理负担，调整征收机构，加强领导和环境恶劣及工作不易开展地区的征收工作等问题，作了阐述。

二月　日寇侵占襄南，集中力量疯狂“扫荡”天汉根据地，加紧经济封锁，使根据地斗争更为艰苦。

五师召开军事工作会议，总结两年来军事斗争经验、讨论新形势下的军队建设。强调坚持长期战争，加强供给和卫生工作。会后，采取了一系列措施，加强军队后勤工作。

春　五师发出《关于反贪污运动的第二次指示》，对前一段反贪污腐化运动未能收到预期效果的原因作了分析，着重指出进一步开展反贪腐运动必须作好政治动员，重视节约，加强党的领导，各级首长起模范作用，特别强调搞好经济工作是运动的重要组成部分，必须成立经济委员会，实行经济民主，各级干部要严格执行各种经济制度。

为加强春耕生产领导，各县成立了生产建设委员会，乡成立了春耕生产委员会。在各级组织领导下，边区掀起了春耕生产高潮。如安应共建水坝 106 座，塘堰 1063 口；天汉一万多群众上堤，将养黄、倪家两乡的十三个垸合修成一个大垸，称为“万里长堤”，使二万三千亩田受益；汉川群众在红庙修筑一条五百米长的围堤，称为“解放堤”。鄂中八个县在一九四三年兴修的水利，可灌田四十七万余亩。

黄冈设立湖业管理局，因地制宜组织了三十三个渔民合作社，社员达一万余人。

边区党政军机关，开展大生产运动。天汉中心县委、县政府等机关干部、战士实行半供给制，不足部分生产自给。

鄂豫边区税务总局改为物资统制局。

长江地委发出《关于雷厉风行地彻底检查政策和纠正错误的指示》，指示强调正确执行党的政策，是战胜恶劣环境和巩固长江地区的第一要素。因此，决定在干部中进行一次政策教育，重点是检查执行政策上的错误。为贯彻执行政策，需要赔偿的，一律赔偿；有严重违反政策或不积极执行政策者，按情节轻重，给予处分。

三月 边区政府在黄陂蔡店与陈玉庭合营“民生烟厂”。后改为“民生烟草公司”，下设烟厂、烟纸厂和经销处。开始为手工生产，后发展为机器生产，有25台机器，近百名工人。

汉川县委指示登波乡党支部派人打入日商在武汉的合作贸易运输公司登波乡船队。在船民的帮助下，找地下工作者先后在敌占区购买大米6750斤、军衣500件、棉布6240尺、棉花38 000斤、食盐2万斤，以及酱油等一大批生活必需品。

四月 鄂豫边区物资统制总局发布第一号公告，规定粮食、油类、棉花、板炭、烟叶、皮、麻、五倍子、纱布、茯苓等分期分区实行统制，如欲出境必须向物统局领取出境特许证，缴纳关税，否则，一律没收。

边区政府为团结商人，共同对敌进行经济斗争，特组织商人团体——商会及同业公会，发布组织商业公会暂行办法。暂行办法规定商会及商业公会为协助政府进行物资统制之组织，其任务在指导同业人员出境物资交换，登记清查同业人员之业务，并代办出境特许证及需要的物资，登记进出境货物，制止抬高物价，管理外汇，兑换通货，担保同业人员向银行借款等。

边区物资统制总局颁发《出入口特许证暂行办法》、《关于各地物统分局今后签发内地运销通行证、后方进口免税证的通知》，对签发出入境许可证的原则，办法作了规定。

边区物资统制总局发布《关税税则》、《关税税率》、《关税征收办法》和《缉私办法》，对合法的出入境商品税率作了明确规定；对偷运禁运物资，订出了惩罚办法。

边区物资统制总局发布《关税人员奖惩办法》、《关税人员牺牲抚恤办法》，对有功人员实行奖励；失职者给予适当处分；对因公牺牲者，给予优抚。

鄂豫边区行政公署及边区物资统制局制定了《合作社组织章程》、《管理榨油业作坊暂行办法》。强调健全和发展供给、运输、生产和信用合作社，管理好榨油作坊，以改善军民生活，搞好统制贸易。

五月 边区行政公署和五师确定五月为“拥军爱民月”，领导边区军民开展拥军爱民活动。一方面军队到群众中检查纪律，帮助群众劳动生产；另一方面行署修改了《优待抗日军人家属条例》、《优抚条例实施办法》和《抚恤条例》，各地群众大力开展拥军优属活动，组织代耕队帮助抗属生产，发动捐献，解决抗属困难。

六月 日伪湖北省政府成立“清乡事务局”，集中五个师的兵力在边区插据点、修公路、抓壮丁、大肆掠夺，发动大规模“扫荡”。边区政府发动群众坚决进行反“扫荡”斗争。陂安南群众宣誓做到十不要，除了在政治、军事上打击敌人外，还规定不给敌人送粮食，不给敌人修公路，不用敌人、汉奸的票子等。

七月 一日，《七七报》第234号，发表《从现在到秋收前农田里的三大事》的文章，指出农田管理要抓紧管水、除草和防虫这三件大事。

七月二十五日至八月八日，边区召开了财经会议，总结了四年半来的财经工作，提出了贯彻“军事第一，胜利第二”方针的财经工作四项基本方针；坚决执行党的政策法令，力求合理负担；进一步加强物资统制，提倡公营事业；建立和健全财经工作制度，提高工作效

率；继续实行以粮食管理为中心的统筹统支制度，消灭贪污浪费。强调要使财经工作更好地走上正轨，尽最大的物资保证作用。

边区把私人伢行改组为公私合营性质的公行。财粮会议后，公行制在边区一些地区实行。

八月　行政公署颁布《鄂豫边区 1943 年度减租办法》。办法规定："减租后租额如仍超过主要收成的实收量千分之三百七十五时，须减至千分之三百七十五。"决定颁发后，进一步推动了减租运动。

一日，《七七报》发表《写在秋收减租之前》的社论，强调对一九四三年的秋收减租工作，必须广泛深入宣传动员；照顾主佃双方，公平减租，不同区域采取不同方法；加强战备，帮助秋收。

天汉为保卫秋收，打击日伪抢掠粮食，紧急动员韩集、杨叶等地群众、民兵，分水陆两路袭击敌驻地，监视敌伪行动，保卫秋收，掩护群众晚上抢割、抢打、抢藏。

九月　随着襄南、石、公、华根据地的开辟，长江北岸的古长堤成了边区在长江中游的交通要道，镇内商户急增，来往行商不断。边区在这里设立银行、税所和开办贸易公司、百货商店，使古长堤成为边区的最大商埠、财源基地。每月税收达三十万元，最高达三百万元。

中秋节，边区行署组织慰问抗属工作队，对抗属进行慰问，并发给抗属每户猪肉二斤、面粉三斤、食盐一斤，共慰问驻地周围抗属三十余家。五师直属机关也派出代表慰问抗属，并宴请驻地民众、绅士及友军干部家属。

秋　天、京、潜行政委员会决定成立贸易管理所，管理天门河两岸金河滩等地的几十家粮行和榨坊，以及来往贸易与税收工作。

天汉县政府在倪家集召开全县劳动模范代表大会，表彰在大生产运动中涌现出来的劳动模范与先进人物。

十月　一日，中共中央发布《开展根据地减租，生产和拥军爱民运动的指示》。

十一月　十二日，李先念在第五师直属干部大会上作了《整风、生产、精兵简政》的报告。其中对生产、精兵简政的重要性及做法，

作了明确的阐述；并强调以整风为中心开展生产、精简工作。指出边区必须发展生产，克服财政的困难，否则就是一种自杀政策；克服财政困难，整顿作风，提高工作效率，就必须精简机构。号召边区部队投入整风、生产、精兵简政运动中去。

为加强对精简工作的领导，边区党委成立了精简机构委员会，负责边区党政军民机构的精简工作。

边区党委召开宣传工作会议，吴祖贻在会上作了《关于如何领导老百姓生产的问题》的报告。报告强调领导老百姓生产是今后坚持长期抗战和巩固根据地的关键问题，号召与会者虚心向基层干部学习，熟悉和掌握生产规律，做好领导老百姓生产的宣传工作。

冬 天、京、潜行委在夏家场组成天、京、潜县合作社。在合作社领导下办起了手工卷烟厂、织布厂和榨油厂等小型工厂，并设有蚕丝、棉布和棉纱等土特产品收购点。

边区党委发出《关于开展大生产运动的指示》。边区党政军机关成立了生产小组，召开了动员大会，制定了一九四四年度的生产计划，即生产自给半年的计划。在各级组织的领导下，机关生产运动轰轰烈烈开展起来。一年内（三、四分区不在内），共开荒二万三千余亩，种菜六千九百余亩，做到了柴、炭、菜金全部自给、粮食部分自给，少数单位达到全部自给。

一九四四年

一月 边区党委作出《关于拥政爱民优抗月的决定》，确定以农历一月二十三日至二月二十三日为边区拥政爱民优抗月。春节期间，五师各部队向政府送春联、请房东聚餐，召开军民联欢会。各地政府和群众组织贺新年，玩采莲船等劳军、拥军、爱民等活动。

二月 边区党委在白果树湾召开扩大会议，确定以“巩固为主”开展整风、生产、组织人民大多数保卫中心区的工作方针。

十七日，边区党委发出《关于赶紧组织人民大多数的指示信》，要求把组织大多数作为边区的中心工作，在秋收前组织二百万群众参加生产，检查和落实政策。各级干部要深入农村，组织“农救”，抓组织大多数的试点。

《党的生活》第二十四期上发表《从副业着眼组织群众大多数的有利条件和困难》的文章，对黄陂塔西乡的副业生产，作了较全面系统的调查。

二十六日，中共中央华中局向各区党委发出对付敌新币办法，指出敌人伪造国民党新法币，向根据地大量抛出以掠夺物资，各区党委必须立即清查数量和种类，严禁使用。

春　鄂豫边区贸易统制局改为贸易管理局，主要任务是打破敌伪对边区的食盐封锁和防止敌伪掠夺粮食等物资，制止国民党的法币在边区泛滥。

三月　十三日，华中局向鄂豫边区郑位三、李先念发出《排挤伪币及金融发行的指示》，指出：鄂中地区粮食、布匹基本上可以自给，对伪币应采取排挤方针，公粮应采取征收实物的办法，逐渐建立对外贸易管理制度，领导群众提高生产力。

边区召开第一实验乡农救代表大会。会上陈少敏讲了话，并作了《团结起来，不怕天灾人祸》的总结报告。强调组织农救会，发动群众搞好生产，改善生活，巩固团结，努力完成自己的任务。会议作出了关于生产互助、文化教育、发展会员、拥军拥政等决议。

十九日至二十日，黄安第二实验乡第一次农救代表大会召开。大会通过了关于生产互助、劳动英雄条件、合作社、水利、优抗、防别匪（别动队）自卫、会员证、禁赌、防止春瘟、教育等十大问题的决议。

四月　十四日，鄂东专署发出命令，指出：黄安各地伪币与边币比值较邻近各县为高。伪币在路西为六折，在大悟山、黄冈为七五折，而黄安的伪币与边币不分，甚至伪币比边币的价格高。因此，要求各地从二十日起，对伪币一律按七五折计值，在各项税收上打九折；五百元的伪钞禁止在市场使用，一千元伪钞坚决拒绝使用。黄安县按照专署要求发出通令，于二十五日起，执行专署通令。

六月　二十二日，在大悟山召开鄂豫边区第一届临时参议会，会

议听取了许子威的《政府工作报告》，郑位三的《关于发展统一战线，精兵简政，发展生产，争取最后胜利的报告》和陈少敏的总结报告；讨论了建立各级临时参议会，保证部队给养，进行减租减息等问题。

八月　五师致电华中局并中央，汇报几个重要县的重灾情况，仅收二成、四成、五成，只有黄安的一部分及湖区丰收，从本年秋季起，预算几乎一半是赤字。望中央介绍华北救灾经验。

十二日，中央发出对鄂豫皖克服财政困难救济灾荒的指示。指示解决财政困难不外是开源节流。开源除整顿税收外，主要是组织生产，进行对外贸易；节流主要是精兵简政，厉行节约，反对浪费。克服灾荒的基本方针是生产自救。

秋　天汉税警营与麻河乡游击队，在郭家湾拐角堤伏击日本军船三十多艘，截获布匹、香烟、食盐、枪支、弹药等大批物资。

边区行署颁布《一九四四年减租办法》，号召深入彻底地开展减租斗争。经过深入发动群众，开展对顽固地主的说理斗争，促使运动深入开展。

九月　边区党委致电华中局并中央，汇报边区受灾情况，二百万人口中有一半是灾民，公粮减少十万石以上，财政困难威胁着边区。

十月　襄河工委领导天汉总特务队在韩家乡游击队、基干队配合下，潜入汉川分水咀日寇据点之仓库，扛出皮花104包（约21 000斤）连夜送交三军分区后勤机关。

安应两合乡“农救会”讨论粮食管理办法。规定卖粮四斗以上由乡公所批准；合并粮食私行，成立公行，买卖粮食均要证明；保干部卖粮要互相批准，由基干队检查登记。

十一月　二十日，边区党委在礼南姚家山召开鄂豫边区首届农救代表大会。会上，中共华中局代表郑位三作了《迎接天光》的政治报告。陈少敏作了《一年来农救工作的总结》报告。吴祖贻作了《秋收减租总结》报告，会上，代表们总结了农救工作的成绩，讨论了当前的政治形势，交流了减租减息、生产、组织农救等经验。会议通过了关于粮食、帮助政府克服财政困难、生产救灾、全民武装、扩大农民团结与巩固减租利益、扩大农救组织与加强农救工作和要求改组国民政府及统帅部的决议。

天汉“农救会”作出“拥军决议”，在已交五千石粮食的基础上，继续开展节约一把米运动；做八千双军鞋不收款；基本乡的每个基干队员种一石拥军田；拥军五百斤鱼，五百斤野鸭。

十二月　四日、十二日，郑位三、李先念两次电中央，报告边区财政困难，兵力不够分配，请求拨款、增兵。党中央毛泽东主席接信后指示：在分散游击战争环境下，应实行统一领导，分散自筹原则。强调部队供给大部靠公粮，部队机关应参加生产并可考虑移兵就粮，把中心区的兵力与机关、学校移到粮食丰饶的边沿区。上级拨款只是临时办法，无补大局，一切靠就地自筹。同时中央决定由太行区拨一万元的经费给五师。

一九四五年

边区发布公债条例，并发行鄂豫边区行政公署建国公债五万万至十万万元，以边区之田赋、关税作担保，年息五厘，三年还本。票面额分别为二十万元、五万元、一万元、五千元四种。

一月　二十三日，陈少敏致电中央、华中局、军委、军部、师部，报告边区财政困难。临时救济办法拟向地方富户借粮二十万石，以田赋作抵；治本办法是征收田赋及公粮，和发动群众进行经济建设。针对日寇宣布伪币与旧法币脱离联系，伪币与军票联系，法币贬值，物价飞涨，敌向边区投掷法币的情况，边区拟大量发行边币，加强统制贸易，抵制仇货。但边币量少不敷，拟将一部分法币打记号，在市场流通，以统制市场。

一日，黄安县政府发出训令，为保障私人财产，遏制纠纷，再次催验远年及现时未验之白契。

鄂豫边区党委根据中央指示，决定组织豫南兵团，挺进豫南。并布置信随县供应粮食十万斤、柴草二十万斤。

初　挺进豫南的五师豫南兵团，开辟了豫南七个县的抗日政权。

由于严格实行合理的征粮征税和保护商业政策，促进了工商业的发展。许多资本家，如许昌、漯河、周口的卷烟厂，纷纷从敌占区迁往根据地，为根据地扩大了财源。

二月 一日，黄安县政府为增进农业生产，发展农村经济，发出“增产造林训令”和“参考大纲”，规定兴修水利，储蓄肥料，植树造林、消灭光山、收益办法、奖惩原则等八条。二日，黄安县政府又发出通令，规定：公山、族山一律不许砍伐；私人山树任何人不得侵害，由山主自用；严禁树木出境。

边区党委会议确定五师地区今后的工作方针是以发展为主，着重发展鄂南，恢复与扩大鄂南根据地。会后，区党委、行署和军区号召全体干部战士，尽最大努力节衣缩食，支援大军南下。并派张体学率领十四旅四十团、四十一团配合南下的三五九旅，挺进湘鄂赣。

王震、王首道领导的南下部队进入鄂南，恢复了湘鄂赣根据地，建立了政权，开展群众工作，实行减租减息，征收田赋，整顿关税，废除苛捐杂税。

三月 一日，黄安县政府颁发劝销建国公债实施办法。劝销公债的对象为边区、沦陷区和大后方的富商大贾，其办法是认购与议购结合。公债票面数一律按各大市镇谷价以樊斗（合平秤二十斤）折实计算。除边币外，兼收法币，银元及一切杂钞，要求四月上旬全数完成。

十三日，华中局对五师发出关于财经、货币工作指示。指出边币跌价不可过大，要逐步提高边币币值、边币价格未恢复前，暂不可继续发行边币；要收购粮食；逐步建立对外贸易管理制度；解决财经困难和稳定边币价值的最有效办法，是大力发展生产，做到主要日用品自给自足。

十八日，黄安县政府根据临时参议会驻会委员及县府委员第三次联席扩大会议精神，发出关于春耕生产的指示，要求发动全军开展大规模生产运动。重点为：兴修水利、精耕细作、换工互助、植树造林和加强对群众生产的领导。

二十四日，黄安县政府发出第13号训令，为解决春粮春荒、

度过当前财政困难，要求县区负责人切实组织财经干部，于四月二十日以前完成粮赋尾欠的征收，并以此作为当时财政部门的中心任务。

四月 九日，黄安县政府发布财字第十四号通知，为调剂边区金融，适应市场需要，边区建设银行决定发行边币百元券（后因故未发行）。

五月 信随县委召开扩大会议，作出三项决定：一，狠抓财政收入，克服经济困难；二，做好支前工作，组织支前队，筹粮十万斤，柴草二十万斤；三，加强地方政权建设，开展大生产运动，组织群众变工队，实行减租减息。

六月 二日，鄂东专署财字第17号密令，规定鄂东地区伪、法币比值，禁止使用五元、十元伪钞，五百元伪钞八折使用，百元伪钞六折或五折使用。边币与法币争取同值。

三十日，黄安县政府发出财字第29号密令，鉴于伪币急剧下跌，市场出现票面为五千和一万的伪币，为此，对各种货币的比值再作规定：边、法币仍同值，关金跟法币走；现洋一比二百；以伪币缴纳赋税一律以三折计，尽量压到二五折。目的在于最后完全驱逐伪币。并规定从七月一日起实行。

孝东行委作出规定：一，统制与管理粮食，只准在内地买卖，禁止一切粮食出境；二，严禁使用千元以上的伪钞，今后一律以边币为本位币；三，内地物资如必须到敌占区销售，须先经区以上机关批准，有组织地换回边区所需物资，否则以破坏金融和资敌论。

七月 三日，李先念、任质斌、陈少敏给中央办公厅电，报告鄂豫皖地区财政状况：为改善财政经济状况，行署在财政极端困难的情况下，发放了春耕贷款法币三千万元，救济款一千万元，谷五百石；在春耕生产中，发动群众，实行贫富互助，灾区互助，组织换工队；加紧水利建设，完成了金家拐、马颈项两处大堤工程，受益田亩一百万亩，军区及县以上基本区，开始做到蔬菜部分自给，部分地区也做到每人种地一斗至两斗。

八月 二十五日，边区召开职工代表大会和边区总工会扩大会议，会上拟定了《鄂豫边区职工会筹备委员会简章》《劳动保护法》《关于公营工资建设草案》等等。

秋 边区行署颁布《鄂豫边区一九四五年度减租办法》，重申减租法令，并根据当时复杂情况，采取了更为灵活的办法。